パン屋さんのフランス語

酒巻洋子

SANSHUSHA

パン屋さんの看板

パリを歩けばパン屋にアタルというほど、いたるところにあるパン屋さん。
Boulangerie [ブーランジュリ] と書かれた看板が目印です。
「生地を丸い (boule [ブール]) 形にする」ことから生まれた、
boulanger [ブーランジェ] (パン職人) という言葉。
それが転じてパン屋さんは boulangerie になったとか。

この看板は、生地をこね、形成し、焼くまでのすべての作業を、
そのお店自身が行っているという証明でもあります。

今や、お菓子屋さんを兼ねたところがほとんどで、
Pâtisserie [パティスリ] (お菓子屋) の言葉も。

こんな看板を見つけたら、
おいしいパンを求めてちょっと入ってみませんか？

パン屋さんの看板　002

初級編　007
最低限だけ覚えたい人へ。

基本の3フレーズ　008
まずは、あいさつでしょ　010
とりあえず、バゲットを買ってみよう　012

コラム　それはどんなパン？　016

初級応用編　019
基本の3フレーズを覚えたら、すぐさま応用。

他のパンだって買ってみたい　020
男性名詞か女性名詞かわからない場合　022
商品名がわからない場合　024
複数欲しい場合　026
半分だけ欲しい場合　028

コラム　バゲット解体　030

SOMMAIRE

中級編　083
相手の言っていることも理解したい人へ。

パン屋さんでの会話　084
他にも買いたいものがあるならば　088
感じのいい店員だったら　090
気持ちよく帰るならば　092

上級編　109
パンに注文をつけたい人へ。

焼き具合に注文をつける　110
切り方に注文をつける　114
温めて欲しい場合　116
袋が欲しい場合　120

コラム　パンを使った言葉　122

フランス語の名詞には男性名詞、女性名詞があり、本書では男性名詞は (*m.*)、女性名詞は (*f.*) と表記しています。

パン屋さんのメニュー図鑑 032

パン 034
総菜 041
ヴィエノワズリー 042
お菓子 048

コラム 覚えておきたいお菓子の単語 054

食べ方講座 058

料理のおとも 060
タルティーヌ 062
カナッペ 066
チーズのおとも 070
サンドイッチ 074
おやつ 078

コラム パン周りの雑貨たち 080

パンが残ったら 094

パン・ペルデュ 096
チーズ入りパン・ペルデュ 100
固くなったパンのプディング 104

初級編

最低限だけ覚えたい人へ。

基本の3フレーズ

Bonjour.
[ボンジュール]
こんにちは。

Une baguette, s'il vous plaît.
[ユンヌ・バゲット、シル・ヴ・プレ]
バゲット1本ください。

Au revoir.
[オーヴォワール]
さようなら。

これだけで、必ずバゲットが買えます。

Boulangerie M
La Passi
Fabrication
Artisanale
La Passion du Bon Pain

まずは、あいさつでしょ

Bonjour.
［ボンジュール］
こんにちは。

Bonsoir.
［ボンソワール］
こんばんは。

Au revoir.
［オーヴォワール］
さようなら。

パリはパン屋さんだけではなく、ショップ、カフェ、どこに入っても、まずはあいさつからが礼儀。スーパーのレジ係のお姉ちゃんとだって、この言葉を交わします。BonjourがBonsoirに変わるのは、だいたい夕方6時ごろ。とはいえ、境目は人それぞれで、あまり気にしなくてもいいみたい。中にはあいさつさえしない、無愛想な店員もいるけれど、こっちから元気に「Bonjour」と声をかければ、少しは機嫌もよくなろうというもの。
またBonsoirは、Au revoirと同様に「さようなら」という意味で使うことも可能。

〈フランス語っぽく聞こえるために〉
日本人にはどうにも難しいフランス語の「R」の発音。舌面を持ち上げ、上あごとの間で空気を振動させ、「グ」のような濁音を出すというわけのわからない音です。この3つの言葉のように「R」が語尾につく場合は、聞こえるか聞こえないかの音だけでOK。極端に発音をカタカナで書くと「ボンジュー」、「オーヴォワー」という感じですが、最後にかすかに「R」の音を付け加えると、いかにもフランス語っぽい。revoirの頭の「R」の音も同様です。

とりあえず、バゲットを買ってみよう

Une baguette, s'il vous plaît.
[ユンヌ・バゲット、シル・ヴ・プレ]

バゲット1本ください。

【 s'il vous plaît 】 [シル・ヴ・プレ]

このひと括りで、「ください」「お願いします」という意味。

パリ中どこでも、

| 名　詞 | + | シル・ヴ・プレ |

で、何でも買うことができます。

カフェならば、

Un café, s'il vous plaît.
[アン・カフェ、シル・ヴ・プレ]

コーヒー1杯ください。

地下鉄ならば、

Un ticket, s'il vous plaît.
[アン・ティケ、シル・ヴ・プレ]

切符1枚ください。

とりあえず、バゲットを買ってみよう

une baguette
[ユンヌ・バゲット]

フランスを代表するパンといえば、フランスパン？ いいえ、かの有名な細長〜いパンは、フランスではバゲットと呼びます。フランス人がもっとも日常的によく食べているのがコレ。そんな形を表して"棒"という意味でもあるこの言葉は女性名詞です。したがってバゲット1本は、「une baguette」。これを複数形"baguettes"にすると、私たちにもお馴染みの"箸"という意味。棒が2本あるからでしょうね。

それはどんなパン？

時間とともに状態が変わるパン。
また、パンを切った後のひと切れにも、
大きさや形によってそれぞれ名前があります。
今、手にしているものは、どんなパン？

pain frais (*m.*)
[パン・フレ]

"新鮮な(frais)パン"ということで、焼き立てパン。

pain rassis (*m.*)
[パン・ラスィ]

固くなった(rassis)パン。または pain dur [パン・デュール] とも言う。

pain sec (*m.*)
[パン・セック]

何もついていないパンのこと。パンだけ。

entame (*f.*)
[アンタム]

パンを切った時の最初のひと切れのこと。
動詞、entamerは"食べ始める、取りかかる"の意味がある。

tranche (*f.*)
[トラーンシュ]

食パンのスライス1枚など。

lichette (*f.*)
[リシェット]

パンの小さなかけら。

mouillette (*f.*)
[ムイエット]

半熟卵や液体に浸して食べる、細長く切ったパン。

morceau (*m.*)
[モルソー]

ざっくり切ったひとかけら。

quignon (*m.*)
[キニョン]

丸いパンなどを切った大きな塊、固い部分を言う。

miette (*f.*)
[ミエット]

パンくず。お菓子のくずのこともいう。少量やわずかという意味も。

初級応用編

基本の3フレーズを覚えたら、すぐさま応用。

他のパンだって買ってみたい

ご存知、フランス語の名詞は男性と女性に分かれています。
なぜなのかを考えると、こんがらがるだけなので、
素直に単語とともに覚えておくのが理想。

パンを買う時は、必ず名詞の前に個数をつけます。

1個、1本が欲しい時

男性形ならば、

un
[アン]

Un pain au chocolat, s'il vous plaît.
[アン・パン・オ・ショコラ、シル・ヴ・プレ]

パン・オ・ショコラ1個ください。

女性形ならば、

une
[ユンヌ]

Une tradition, s'il vous plaît.
[ユンヌ・トラディスィヨン、シル・ヴ・プレ]

トラディスィヨンのバゲット1本ください。

〈フランス語っぽく聞こえるために〉
男性形のun [アン] はそのままの発音なので、私たちにも問題はまったくありません。女性形のuneは単純に読むと [ユヌ]。これが結構、伝わりにくい音なのです。最後の"ヌ"を強めにしてはっきりと [ユンヌ] と発音した方が、店員さんの理解度も上がること間違いなし。

男性名詞か女性名詞かわからない場合

単語とともに男性か、女性かを覚えるのが理想とはいえ、
やはり現実的にはなかなか難しいもの。

忘れちゃったり、わからなければ仕方がありません。

とりあえずすべてに、

un
[アン]

と言っておけばなんとかなります。

店員さんにun（またはune）?と聞かれたら、
それを真似してun（またはune）と答えればOK。

フランスでは1つを表すのは人差し指ではなく親指なので、
ヒッチハイクするように親指を立てて言うと、さらにはっきり伝わります。

もし、商品名が表記してあるのならば、
名詞の語尾をチェック。

brioche
[ブリオッシュ]

boule
[ブール]

など、つづりの最後がeで終わっているものは、
女性名詞である可能性が高いのです。
当てずっぽうでいくのなら、この手もあり。

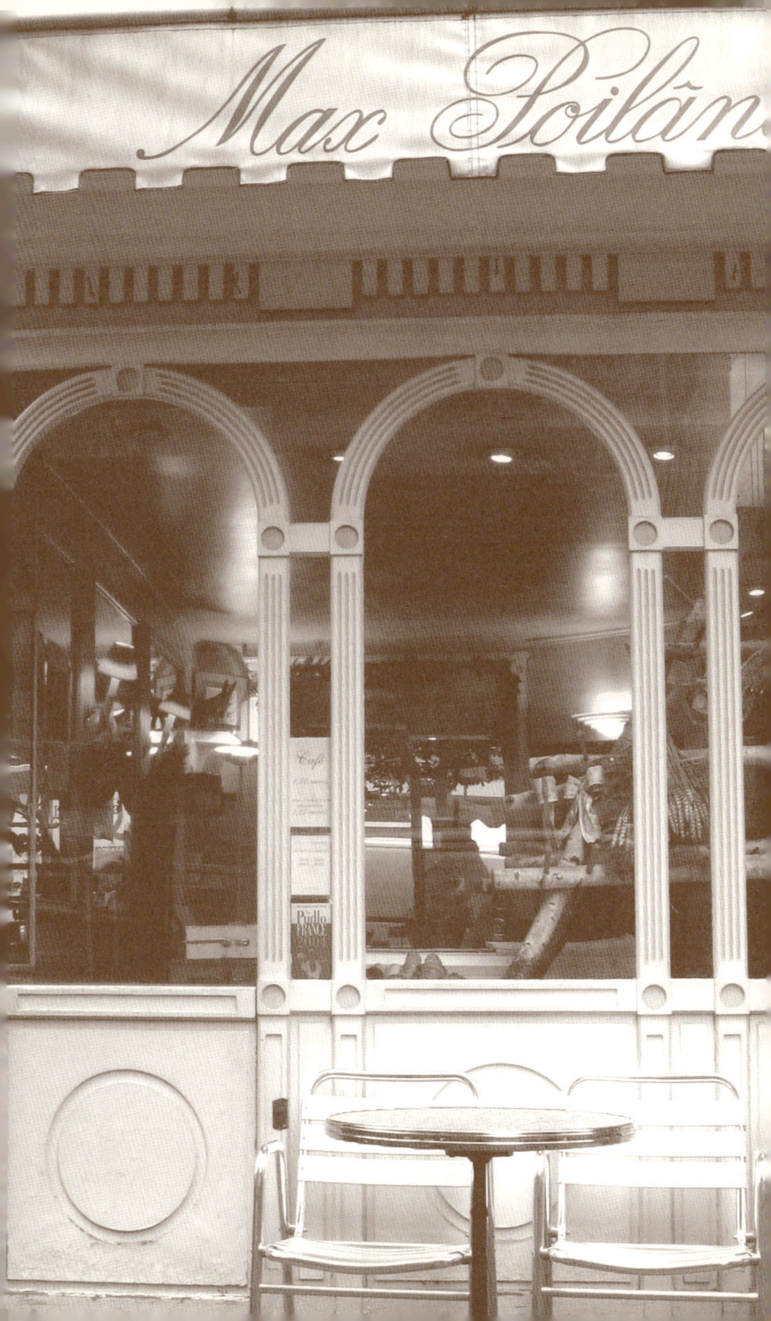
Max Poilân

商品名がわからない場合

定番のメニューはどこでも同じ名前ですが、
そのお店のオリジナルなどは独自の名前がついている場合も。
パン屋さんに入ってから見つけた、
気になるパンの名前がわからない時も当然あります。

そんな時はそのパンを指差して、

Un comme ça, s'il vous plaît.
[アン・コム・サ、シル・ヴ・プレ]
コレひとつください。

【 comme ça 】[コム・サ]

「こんな風」という意味。何と言っていいのか分からない時に、ジェスチャーとともに使えるので覚えておいて損はなし。

複数欲しい場合

パンをひとつだけではなく2個も3個も欲しいなら、
un (une) の部分を変えるだけ。
これらは女性名詞、男性名詞で変化することはありませんので、
このまま覚えておけば大丈夫。

deux
[ドゥー]

2個

trois
[トロワ]

3個

quatre
[カトル]

4個

cinq
[サンク]

5個

……

これ以上買う人はさすがにいないですよね。

Deux croissants, s'il vous plaît.
[ドゥー・クロワサン、シル・ヴ・プレ]

クロワッサン2個ください。

半分だけ欲しい場合

バゲット1本、大きなパン1個では多すぎる！
というなら、半分でも買うことができます。

Une demi-baguette, s'il vous plaît.
[ユンヌ・ドゥミ・バゲット、シル・ヴ・プレ]
バゲット半分ください。

Un demi-pain, s'il vous plaît.
[アン・ドゥミ・パン、シル・ヴ・プレ]
パン半分ください。

【 demi 】 [ドゥミ]

「半分」という意味。カフェでun demi [アン・ドゥミ] は、生ビールのこと。本来は1リットルの半分（500ml）なはずだけど、出てくるのは250mlのグラスビール。

バゲット解体

バゲットの各部分の名前を覚えれば、
さらに愛情が湧く？
（基本的に他のパンの各部分も同じ名前です）

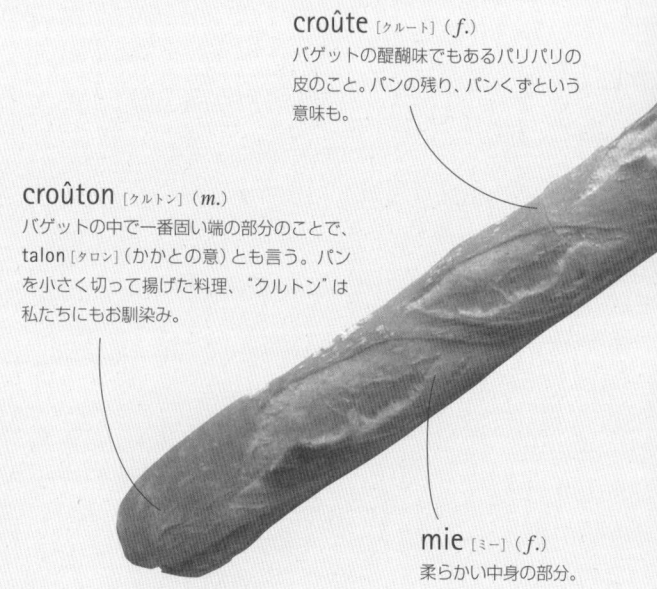

croûte [クルート] (*f.*)
バゲットの醍醐味でもあるパリパリの皮のこと。パンの残り、パンくずという意味も。

croûton [クルトン] (*m.*)
バゲットの中で一番固い端の部分のことで、talon [タロン]（かかとの意）とも言う。パンを小さく切って揚げた料理、"クルトン"は私たちにもお馴染み。

mie [ミー] (*f.*)
柔らかい中身の部分。

coup de lame [クー・ドゥ・ラーム] (*m.*)
バゲットの表面の切り込み(クープ)。grigne [グリーニュ] とも呼ばれる。通常、バゲットには5〜7本の斜めのクープが入っている。

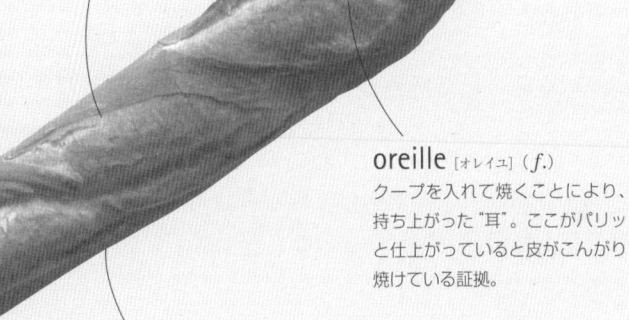

oreille [オレイユ] (*f.*)
クープを入れて焼くことにより、持ち上がった"耳"。ここがパリッと仕上がっていると皮がこんがり焼けている証拠。

dessous [ドゥスー] (*m.*)
裏。ちなみにこの平らな方を上にしてパンを置くと、縁起が悪い。その昔、ギロチンの執行人のパンのみ、逆にして置いたからだとか。

baiser du boulanger
[ベゼ・デュ・ブーランジェ]
焼くときに、2つのバゲットがひっついた部分のことを"パン職人のキス"と言う。もし、はがされた跡があるならば、それはパン職人さんのキスの跡!

パン屋さんのメニュー図鑑

パン屋さんのパンは大きく分けて2種類。
バゲットなど、食事とともに食べるハード系のpain [パン]。
朝食やおやつ代わりに食べる、
卵やバターなどが入ったお菓子系のviennoiserie [ヴィエノワズリー]。

目移りしてしまうほど、
種類豊富なフランスのパンワールド。
さて、今日は何を食べようか？

※ 職人さんが作るパンやお菓子たちは、同じ名前でも店によって形も大きさも
さまざま。ここに載せた写真は、ひとつの例として紹介しています。また、
男性形、女性形も合わせて覚えられるよう、各名前の前にunまたはuneを
つけました。

パン
Le pain [ル・パン]

ポルトガル人によって伝えられたpaõに由来する、私たちにもお馴染みの"パン"という言葉。したがって同じくラテン語を語源とするフランス語でも、パンは「パン」。

une baguette de tradition
[ユンヌ・バゲット・ドゥ・トラディスィヨン]

純粋な小麦粉を使って、製造過程で一切冷凍せずに伝統(tradition)製法で作られたバゲット。une tradition または une tradi [ユンヌ・トラディ] と略して言うことも可能。

une tradition au pavot
[ユンヌ・トラディスィヨン・オ・パヴォ]

バゲットには加えられる材料によってさまざまに名前がある。こちらはケシの実(pavot)の香ばしい風味がアクセントになったトラディスィヨンのバゲット。

un pain
[アン・パン]

約250gのバゲットのひと回り大きい約400g。したがって皮を味わうと言われるバゲットよりも、皮と中身を半々ぐらいの割合で楽しめるパン。

une baguette de campagne
[ユンヌ・バゲット・ドゥ・カンパーニュ]

ライ麦粉が入った田舎風(campagne)のバゲット。端のとんがった部分がカリカリしていておいしい。

パン

un bâtard
[アン・バタール]

バゲットとパンの中間（bâtard）の大きさという意味。バゲットよりも短くずんぐりと太く、パンよりも細い。

une ficelle
[ユンヌ・フィセル]

ficelleとは"紐"の意味。さすがにそこまでは細くはないけれど、パンの中で一番細い形。重さは約125gで、バゲットの半分ぐらいのサイズ。一人で食べるのにちょうどいい。

une fougasse
[ユンヌ・フガス]

南仏プロヴァンス地方でよく食べられる、木の葉のような切り込みのある薄いパン。何も入っていないもの (nature [ナチュール]) や、オリーヴ入り (aux olives [オー・ゾリーヴ]) など、種類もさまざま。

un pain de mie
[アン・パン・ドゥ・ミー]

中身 (mie) のパンというわけで、皮よりも中身の方が多い。日本の食パンのようだけれども、味はまったく別物。皮は固めで、中身もしっかりしているタイプ。

パン

un pain de campagne
[アン・パン・ドゥ・カンパーニュ]

小麦粉とライ麦粉を混ぜ合わせて作る、田舎風（campagne）のパン。酸味のある素朴な味わいは、チーズやパテと一緒に楽しみたい。

un pain aux noix
[アン・パン・オー・ノワ]

くるみ（noix）を混ぜ込んだパン。生地は普通のパン生地やライ麦生地などもある。くるみの風味豊かな味わいは、やはりチーズと合わせて食べるのが一番。

un pain complet
[アン・パン・コンプレ]

全粒粉パン。completとは"完全な"という意味で、全粒粉は"完全な小麦粉"である。farine complète [ファリーヌ・コンプレット]。

un pain de seigle
[アン・パン・ドゥ・セーグル]

ライ麦 (seigle) パンのことで、65％以上ライ麦粉が含まれたパンを指す。10％以上ライ麦粉が含まれるものは、pain au seigle [パン・オ・セーグル] と名前が変わるのでご注意。

パン

une boule au levain
[ユンヌ・ブール・オ・ルヴァン]

天然酵母(levain)を使った丸い(boule)パン。baguette au levainならば、天然酵母を使ったバゲットということ。

un pain aux céréales
[アン・パン・オー・セレアル]

ゴマ、麦、粟、ケシなど穀類(céréale)を加えて焼いたパン。香ばしく深い味わいで、チーズのおともにぴったり。

総菜
Le traiteur [ル・トレトゥール]

"総菜屋さん"のことで、パン屋さんにも調理済みの食品を売るコーナーがあるところも。青空の下、ピクニックしたくなるメニューが揃う。

une quiche
[ユンヌ・キッシュ]

ドイツ語のKuchen(ケーキの意)から。タルト生地に具を入れて焼いたもので、ベーコン、卵、生クリームのロレーヌ地方のキッシュ(quiche lorraine [キッシュ・ロレーヌ])が有名。具を変えて、いろんなキッシュがある。

un croque-monsieur
[アン・クローク・ムシュー]

食パンにホワイトソース、チーズ、ハムを挟んで両面焼くのが一般的。その昔、サンドイッチを卵にくぐらせ焼いたものをcroqueといい、男(monsieur)たちがそれを食べていたことが名前の由来だとか。目玉焼きを乗せたものは、croque-madame [クローク・マダム]だけど、こちらは女(madame)たちが食べていたから??

ヴィエノワズリー
La viennoiserie [ラ・ヴィエノワズリー]

「ウィーン風」という意味。なぜなら、マリー・アントワネットの輿入れの際に、フランスにもたらされたものだから。とはいえ、現在パン屋さんに並ぶ姿は、フランス流にアレンジされたもの。

un croissant ordinaire
[アン・クロワサン・オルディネール]

ご存知、三日月（croissant de lune [クロワサン・ドゥ・リュンヌ]）形のパン、クロワッサン。"普通の（ordinaire）"と呼ばれるのは、折り込みパイ生地にマーガリンを使っていて、その分、安価だから。

un croissant au beurre
[アン・クロワサン・オ・ブール]

こちらはバター（beurre）を折り込みパイ生地に使った高級バージョン。オルディネールよりも真っ直ぐな形が目印。バターの風味が香るけれど、どちらにするかはお好み。

un croissant aux amandes
[アン・クロワサン・オー・ザマンド]

残ったクロワッサンのリサイクルもの。クロワッサンにラム酒をきかせたアーモンド（amande）クリームをはさんで再び焼く。元のクロワッサンとはまったくの別の味わいに。

un pain aux raisins
[アン・パン・オー・レザン]

パン生地でレーズンを巻き込んだもの。raisinは"ぶどう"のことで、正しくはraisin sec [レザン・セック]が乾燥したぶどうのレーズンというわけ。

ヴィエノワズリー

un pain au chocolat
[アン・パン・オ・ショコラ]

折り込みパイ生地に、棒状のチョコレート（chocolat）を巻き込んで焼いたもの。ちなみにフランス人がもっとも好きなヴィエノワズリーがコレだとか。

un pain au chocolat et aux amandes
[アン・パン・オ・ショコラ・エ・オー・ザマンド]

クロワッサン・オー・ザマンド同様に、ラム酒のきいたアーモンドクリームをはさんだ、パン・オ・ショコラの再生パン。

un chausson aux pommes
[アン・ショソン・オー・ポム]

折り込みパイ生地でりんご(pomme)のコンポートをはさんだもの。chaussonとはスリッパという意味で、形が似ているからだとか…。他にレモンクリームが入ったau citron [オ・スィトロン]もある。

un pain au lait
[アン・パン・オ・レ]

水の代わりに牛乳(lait)を加えたミルク風味のパン。朝食にバターやジャムを塗って食べたい、やさしい味わいが魅力。

ヴィエノワズリー

une brioche
[ユンヌ・ブリオッシュ]

卵、バターが加わったリッチな味わいのブリオッシュ。形や大きさもさまざまで、この頭のついた形は、parisienne [パリジェンヌ] や briochette [ブリオッシェット] とも呼ばれる。

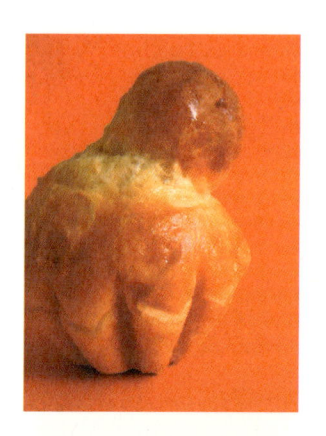

une brioche au chocolat
[ユンヌ・ブリオッシュ・オ・ショコラ]

ブリオッシュ生地にチョコレートを加えて焼いたパン。さまざまな名前がついており、"チョコレートを巻き込んだ" というまんまの、roulée chocolat [ロレ・ショコラ] なんてのも。

une viennoise
[ユンヌ・ヴィエノワーズ]

正式には、une baguette viennoise [ユンヌ・バゲット・ヴィエノワーズ]。卵、バター、砂糖がたっぷり入った、朝食にもってこいのやわらかいウィーン風(viennoise)バゲット。

un oranais
[アン・ノラネ]

正方形の折り込みパイ生地にカスタードクリームとアプリコットをのせ、角を折り込んで焼いたデニッシュ。甘酸っぱいアプリコットが美味。

お菓子
La pâtisserie [ラ・パティスリ]

ケーキやタルト、ビスケットなどの総称。そもそも肉や魚のパテ (pâté) を作る pasticier が、生地を作るようになり、砂糖を加えた甘いものを作るようになって、菓子職人 (pâtissier [パティシエ]) に。したがって生地を使った料理、キッシュなども pâtisserie と呼ばれる。

un éclair
[アン・ネクレール]

エクレア。細長いシュー生地に、チョコレート (au chocolat [オ・ショコラ]) またはコーヒー (au café [オ・カフェ]) 風味のカスタードクリームが入っているのが一般的。éclair は稲妻という意味で語源は諸説あるが、クリームが飛び出さないように稲妻のごとく、すばやく食べるというのが有力説だとか。

une religieuse
[ユンヌ・ルリジューズ]

こちらもチョコレートまたはコーヒー風味のカスタードクリームを詰めた、丸いシュー生地を2段重ねたお菓子。本来は白いはずのホイップクリームが白い襟を表し、修道女 (religieuse) に見立てているとのこと。

un savarin
[アン・サヴァラン]

美食家、ブリヤ・サヴォランの名より。リング型の発酵生地にラム酒のシロップをかけ、カスタードまたはホイップクリームを飾ったもの。同じようなケーキにbaba [ババ] があるが、こちらはレーズンが入っているのが一般的で、形も異なる。

un flan
[アン・フラン]

卵、牛乳、砂糖、小麦粉を混ぜて焼いたもちっとした食感。中にフルーツが入っていることも。似たようなお菓子にclafoutis [クラフティ] がある。

お菓子

un gâteau au chocolat
[アン・ガトー・オ・ショコラ]

ブラウニーのような濃厚なチョコレートのケーキ、ガトーショコラ。レシピによってやわらかいmoelleux au chocolat [モワルー・オ・ショコラ] だったり、とろけるようなfondant au chocolat [フォンダン・オ・ショコラ] だったり、名前が変わる。

une chouquette
[ユンヌ・シューケット]

シュー生地に砂糖をふったもの。小腹が空いた時にちょいとつまめるひと口サイズがかわいい。

une tarte
[ユンヌ・タルト]

さまざまなフルーツをのせたタルトは大人気。写真はりんご (aux pommes [オー・ポム])。どの店もひと切れでボリュームたっぷり。

une tartelette
[ユンヌ・タルトレット]

1人用の小さなタルトのこと。写真はいちご (aux fraises [オー・フレーズ]) で、こちらも中身はいろいろ。

お菓子

un millefeuille
[アン・ミルフイユ]

お馴染みミルフィーユ。薄く焼いた折り込みパイ生地で、ホイップクリームを混ぜたカスタードクリームをはさんだケーキ。ハラハラと崩れるパイ生地は、まさにたくさんの(mille)葉(feuille)を重ねたよう。

un Paris-Brest
[アン・パリ・ブレスト]

パリ〜ブレスト間の自転車レースが行われた際、その行程にあったお菓子屋さんが考案したとのこと。自転車の車輪を表す、穴の開いた丸いシュー生地の中には、プラリネクリームがたっぷり。

un gâteau basque
[アン・ガトー・バスク]

バスク地方(basque)のお菓子(gâteau)という、そのまんまのネーミング。クッキーとケーキの中間のようなアーモンド風味の生地の中には、カスタードクリームが。ブラックチェリー(aux cerises [オー・スリーズ])のジャム入りバージョンもある。

une meringue au chocolat
[ユンヌ・メラング・オ・ショコラ]

メレンゲ(meringue)2つをガナッシュで合わせて丸い形にし、周りにチョコレートをまぶしたもの。店によって名前が異なるが、その大きさはひときわ目立つ存在。

覚えておきたいお菓子の単語

パン屋さんのお菓子に使われている、定番の材料名をあげてみました。
フルーツの名前が分かると、いろんなタルトも頼める。
せっかくだから、ついでに覚えちゃおう！

【 crème 】 [クレーム] (*f.*)
クリーム

crème pâtissière [クレーム・パティシエール]
カスタードクリーム。使われる頻度がもっとも高く、お菓子屋さん (pâtissière) のクリーム (crème) の名が。エクレア、ガトー・バスクに使われている。

crème d'amande [クレーム・ダマンド]
アーモンドクリーム。アーモンドパウダー、バター、砂糖などを混ぜたもので、クロワッサン・オー・ザマンドなどに。

crème Chantilly [クレーム・シャンティイ]
ホイップクリーム。パリ北部の郊外の街、シャンティイ (Chantilly) にて料理を作る際に生クリームが足りなかったため、泡立てて量を増やしたのがはじまりだとか。

【 pâte 】 [パート] (*f.*)
生地

pâte sucrée [パート・スュクレ]
タルトによく使われるほろほろした食感の甘い (sucrée) 生地。

pâte feuilletée [パート・フイユテ]
バターと生地を交互に折り込んだ、折り込みパイ生地。薄い層 (feuilletée) が重なり合ったサクサクした食感。ミルフィーユ、ショーソンなどに。

pâte à choux [パータ・シュー]
エクレア、ルリジューズのシュー生地。

覚えておきたいお菓子の単語

【 fruit 】[フリュイ] (*m.*)
フルーツ

abricot [アブリコ] (*m.*)
アプリコット

ananas [アナナス] (*m.*)
パイナップル

cassis [カシス] (*m.*)
カシス

cerise [スリーズ] (*f.*)
さくらんぼ

citron [スィトロン] (*m.*)
レモン

fraise [フレーズ] (*f.*)
いちご

framboise [フランボワーズ] (*f.*)
ラズベリー

groseille [グロゼイユ] (*f.*)
スグリ

kiwi [キウイ] (*m.*)
キウイ

mangue [マーング] (*f.*)
マンゴー

myrtille [ミルティーユ] (*f.*)
ブルーベリー

orange [オラーンジュ] (*f.*)
オレンジ

pêche [ペッシュ] (*f.*)
モモ

poire [ポワール] (*f.*)
洋ナシ

pomme [ポム] (*f.*)
りんご

prune [プリュンヌ] (*f.*)
プルーン

raisin [レザン] (*m.*)
ぶどう

rhubarbe [リュバルブ] (*f.*)
ルバーブ

MONTELIMAR
Chocolat

食べ方講座

そのまま食べてもおいしいパン。
でも、あくまでも脇役であるパンは、
他の食べ物と合わせることで、本領を発揮。
好みの食べ方を見つけて、存分に味わいたい。

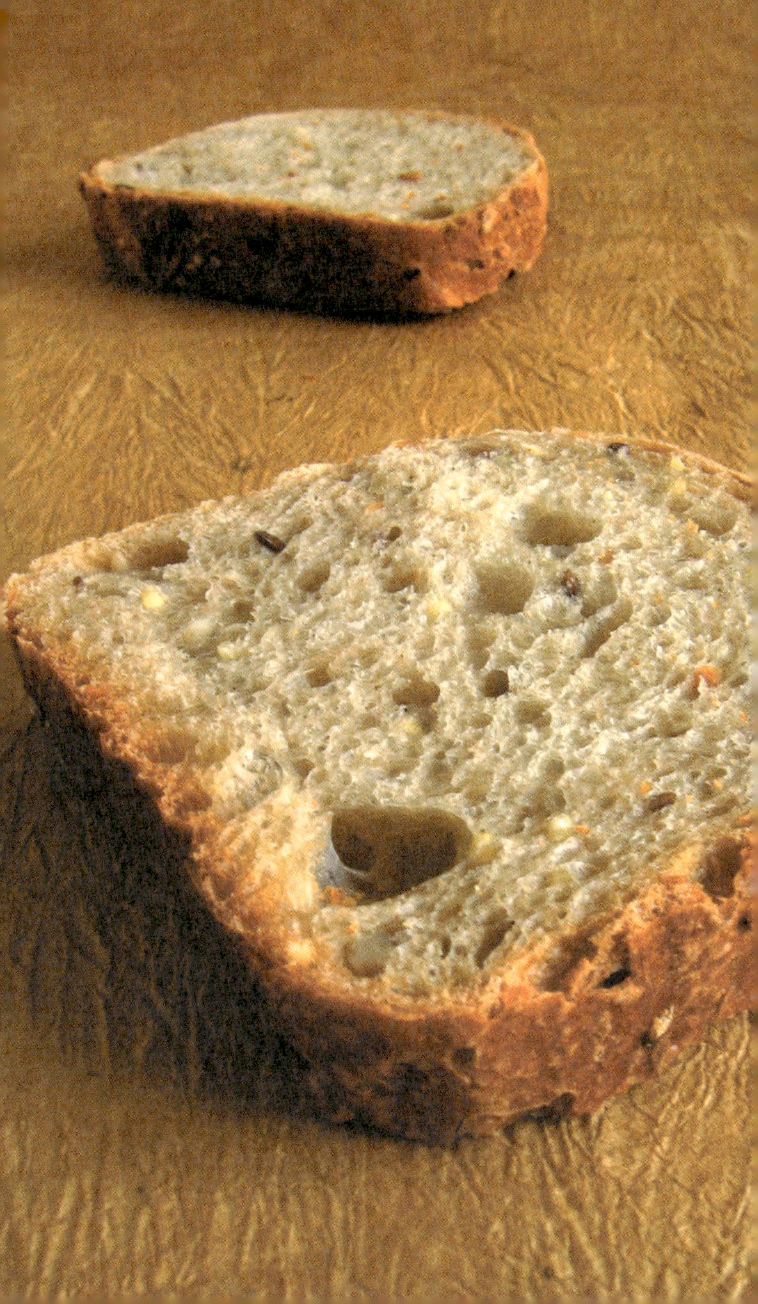

料理のおとも
L'accompagnement du plat [ラコンパニュマン・デュ・プラ]

フランスの食事には必ずついてくるパン。
そのまま食べるだけでなく、ソースをぬぐったり、
チーズを切るためにナイフをきれいにしたり、いろんな役割も果たします。
まずは、食事の際のフランス式パンの使い方をマスターしましょ。

1

Rompre un morceau de pain.
[ロンプル・アン・モルソー・ドゥ・パン]

パンひと切れをちぎる。

2

Saucer l'assiette avec un morceau de pain.
[ソセ・ラシィエット・アヴェカン・モルソー・ドゥ・パン]

皿のソースをパンひと切れでぬぐう。

3

Nettoyer un couteau avec un morceau de pain.
[ネトワイエ・アン・クトー・アヴェカン・モルソー・ドゥ・パン]

ナイフをパンひと切れでふく。

タルティーヌ
La tartine [ラ・タルティーヌ]

フランスの朝ごはんの定番といえば、
バゲットの厚みを半分に切ったタルティーヌ。
トースターでこんがり焼き、バターとジャムを塗るだけ。
朝食以外なら、チーズなどをのせて焼くのもアリ。

1

Couper de la baguette par moitié d'épaisseur.
[クーペ・ドゥ・ラ・バゲット・パー・モワティエ・デペスール]

バゲットを半分の厚さに切る。

2

Griller de la baguette coupée dans un grille-pain.
[グリエ・ドゥ・ラ・バゲット・クーペ・ダン・ザン・グリユ・パン]

切ったバゲットをトースターで焼く。

3

Tartiner du beurre et de la confiture sur de la baguette grillée.
[タルティネ・デュ・ブール・エ・ドゥ・ラ・コンフィテュール・スュル・ドゥ・ラ・バゲット・グリエ]

焼いたバゲットにバターとジャムを塗る。

タルティーヌ

【 beurre 】[ブール]（*m.*）
バター
フランスのバターは有塩（beurre demi-sel [ブール・ドゥミ・セル]）、無塩（beurre doux [ブール・ドゥー]）がある。どちらにするかはお好みで。

【 confiture 】[コンフィテュール]（*f.*）
ジャム
いろんなフルーツのジャムがあり、バリエーション豊か。confiture de fraises [コンフィテュール・ドゥ・フレーズ]（いちごジャム）のように "de＋フルーツの名前（56ページ参照）" がつく。

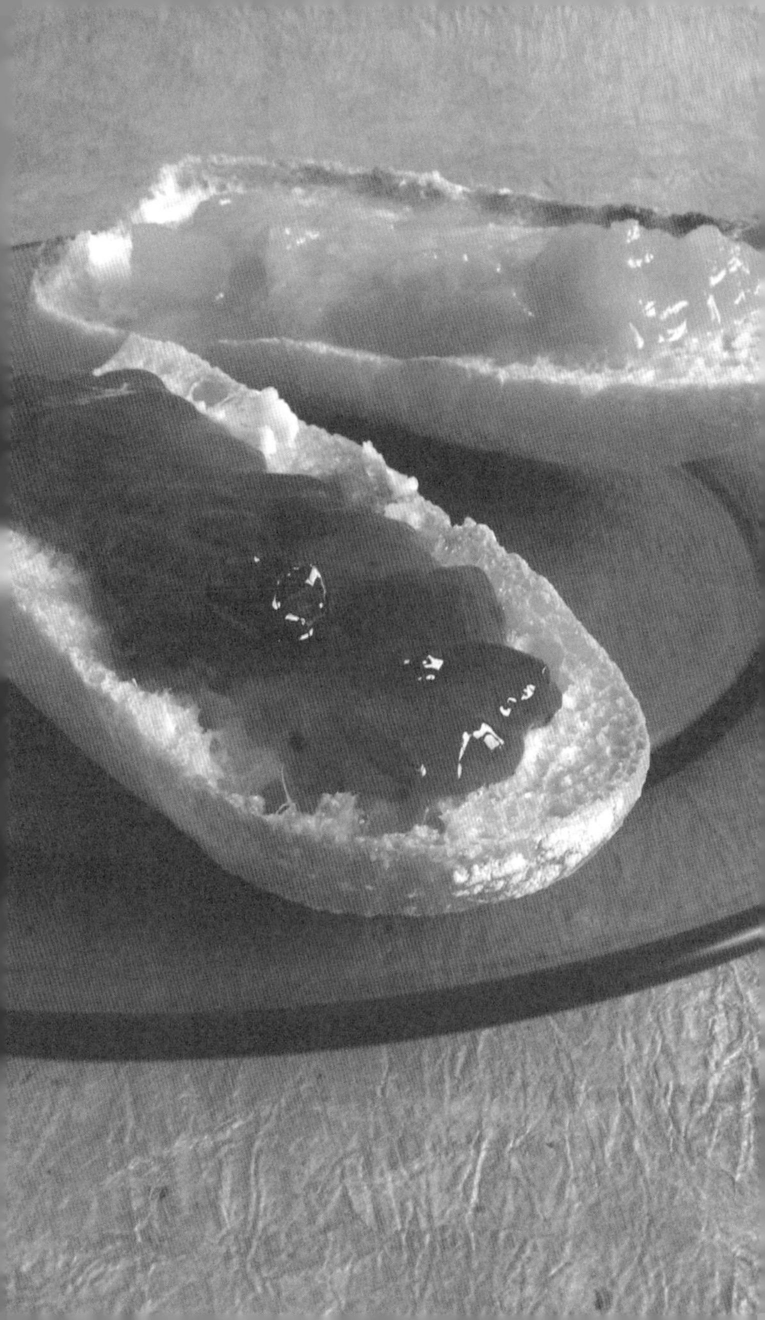

カナッペ
Le canapé [ル・カナッペ]

薄切りにしたパンの上に、いろんなものをのせて食べるオードブル。
のせるものはなんでもいいんだけど、
どうせならフランスのおいしいシャルキュトゥリとともにいただきたい。
パン・ドゥ・ミーが一般的ながら、カンパーニュやライ麦など、
味わい深いパンもオススメ。

1

Trancher du pain en rondelles.
[トランシェ・デュ・パン・アン・ロンデル]

パンを輪切りにする。

2

Mettre du pâté sur des rondelles de pain.
[メトル・デュ・パテ・スュル・デ・ロンデル・ドゥ・パン]

パンの輪切りの上にパテをのせる。

3

C'est tout.
[セ・トゥー]

それだけ。

カナッペ

【 charcuterie 】 [シャルキュトリ] (*f.*)

肉加工食品

主に豚肉で作ったパテやソーセージなどの加工製品。中でもカナッペにのせたいものと言えば、こんな感じ。

pâté [パテ] (*m.*)

パテ。ひき肉(魚のすり身)、脂、香辛料などを混ぜ合わせ、オーブンで焼いたもの。ちなみにテリーヌ(terrine)とはパテをテリーヌ型に入れて焼いたもの。

rillettes [リエートゥ] (*f.*)

リエット。肉を脂で煮てほぐし、脂と混ぜたもの。パンが進む、濃厚な味わい。

foie gras [フォワ・グラ] (*m.*)

フォワグラ。ご存知、鴨またはガチョウの肥大させた肝臓。高級食材のため、こちらは懐に余裕がある時にどうぞ。

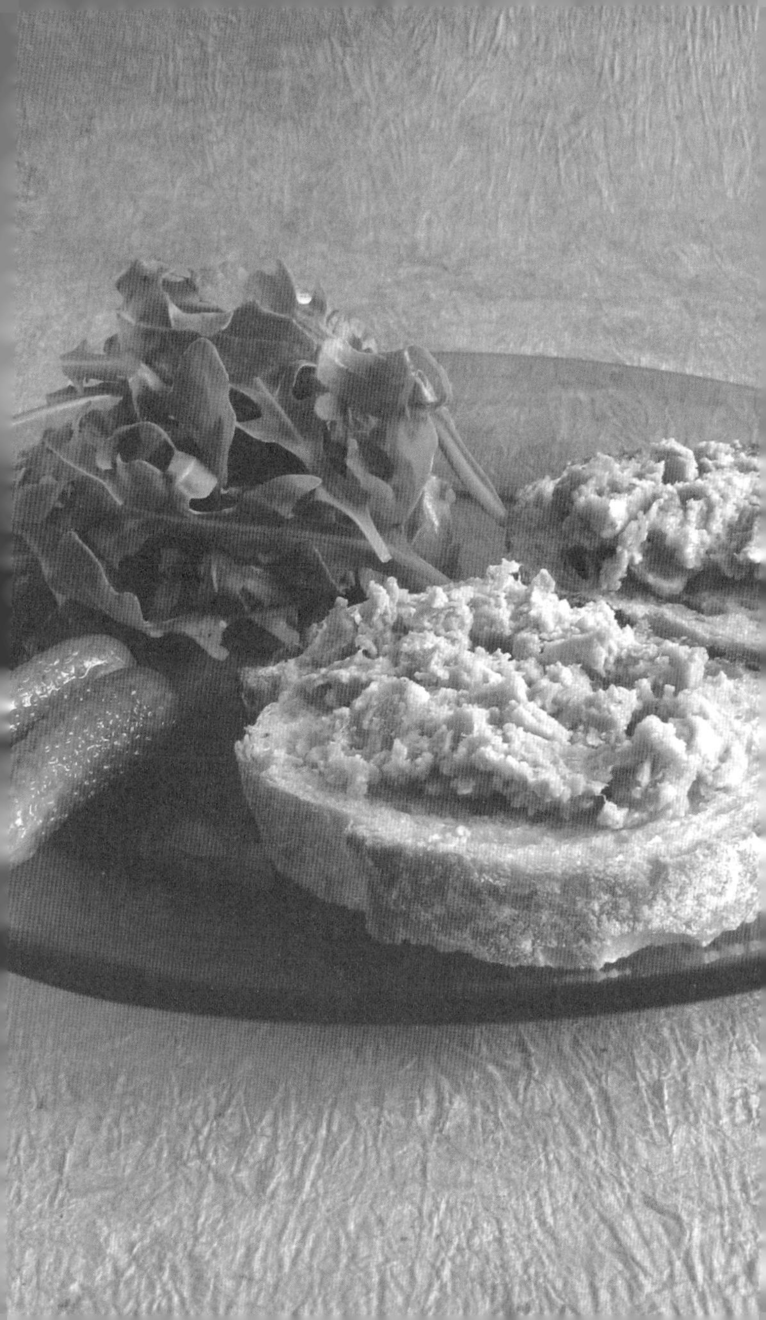

チーズのおとも
L'accompagnement du fromage
[ラコンパニュマン・デュ・フロマージュ]

パンとチーズの相性は、言わずもがな。
原料の違いから熟成の仕方によって千差万別の味わいに仕上がるチーズは、
食べてみなくてはわからない。
もちろん、このコンビにはワインも必須です。

1

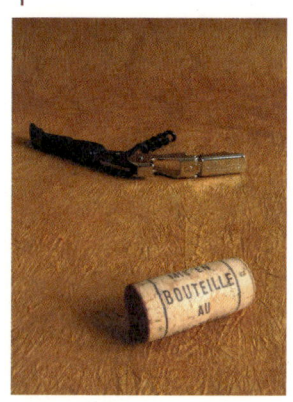

D'abord, ouvrir une bouteille de vin rouge.
[ダボール、ウヴリール・ユンヌ・ブティユ・ドゥ・ヴァン・ルージュ]

まず、赤ワインのボトルを開ける。

2

Couper un morceau de fromage de son choix.
[クーペ・アン・モルソー・ドゥ・フロマージュ・ドゥ・ソン・ショワ]

好みのチーズひと切れを切る。

3

Mettre un morceau de fromage sur du pain.
[メトル・アン・モルソー・ドゥ・フロマージュ・スュル・デュ・パン]

パンの上にチーズひと切れをのせる。

チーズのおとも

【 fromage 】[フロマージュ] (*m.*)
チーズ

フランスチーズの原料は、牛(vache、ヴァッシュ)、山羊(chèvre、シェーヴル)、羊(brebis、ブルビ)の3種類のミルク。品質を保証する原産地統一名称、A.O.C.(Appellation d'Origine Contrôlée [アペラスィヨン・ドリジーヌ・コントロレ] の略)のついたチーズは、作られる場所の名前を持つ。代表的なものがコチラ。

Camembert [カマンベール] (*m.*)
ノルマンディー地方の白カビタイプの牛乳チーズ。無殺菌乳(lait cru [レ・クリュ])と低温殺菌乳(lait pasteurisé [レ・パストゥリゼ])を使うかによって風味も違う。

Munster [マンステール] (*m.*)
チーズの周りを塩水で洗って熟成させるウォッシュタイプの牛乳チーズ。匂いは強いけれど、味はマイルド。

Sainte-Maure [サント・モール] (*m.*)
細長い円筒形のクリーミーな食べやすいシェーヴルチーズ。白カビ以外に木炭粉をまぶした黒いタイプもある。

crottin [クロタン] (*m.*)
かわいらしい太鼓型のシェーブルチーズ。フレッシュな味わいから、熟成させた濃厚な味わいまでさまざまに楽しめる。

Ossau-Iraty [オッソ・イラティ] (*m.*)
ピレネー山脈西部の羊のチーズ。山で作られるハードタイプの大きめのチーズで、クセのないコクのある味わい。

Roquefort [ロクフォール] (*m.*)
青カビタイプのチーズ。原料は羊乳で、ルエルグ地方の洞窟で熟成させた青カビの刺激のある味はツウ向け。

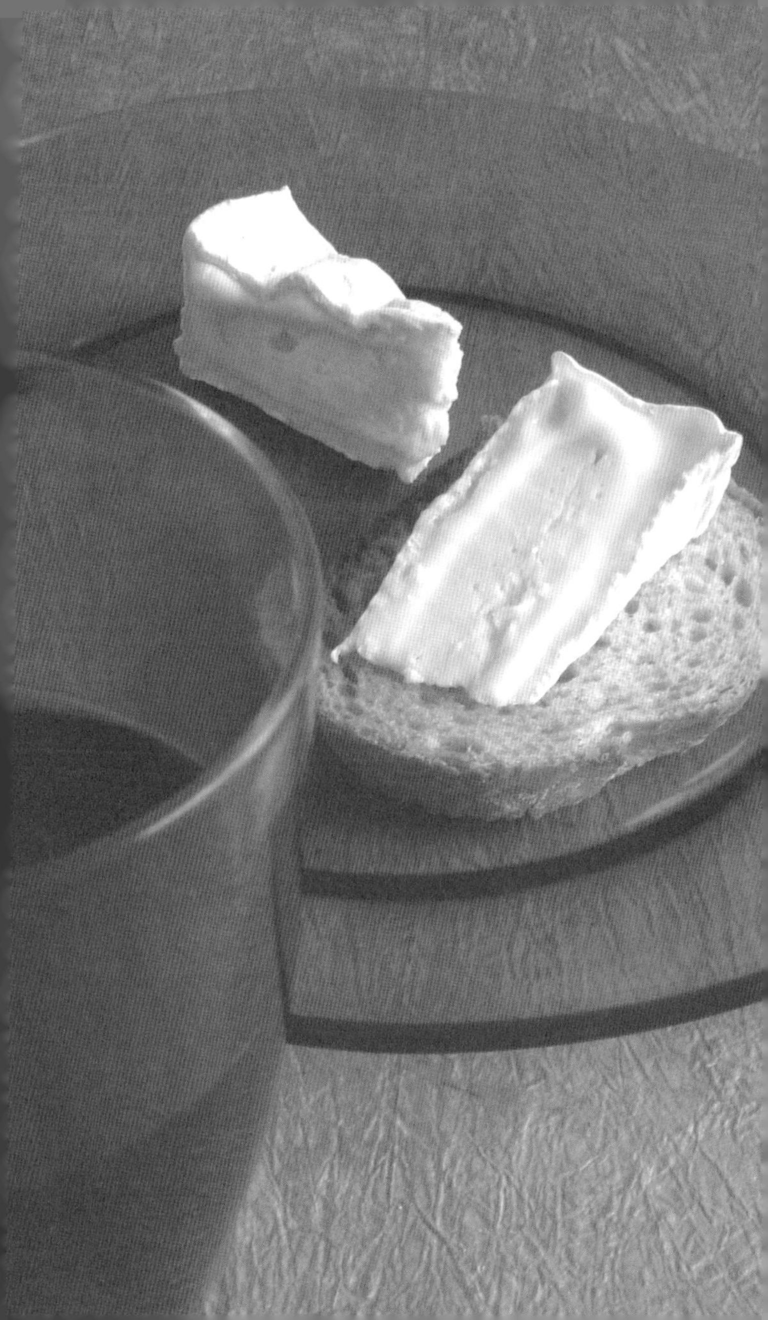

サンドイッチ
La casse-croûte [ラ・カス・クルート]

フランスのサンドイッチといえば、バゲットサンド。
バゲットの皮を切って具をはさむことから、
"皮(croûte)を壊す(casse)" という意味のcasse-croûteと言います。
でも、英語から来たsandwich [サンドウィッシュ] も一般的な言い方。
中身は好みで無限に広がるけど、実はシンプルなものが一番おいしい。

1

Couper de la demi-baguette dans le sens de la longueur.
[クーペ・ドゥ・ラ・ドゥミ・バゲット・ダン・ル・サンス・ドゥ・ラ・ロングール]

バゲット半分を縦に切る。

【 jambon 】 [ジャンボン] (*m.*)

ハム

ねっとりと濃厚な味わいの生ハム (jambon cru [ジャンボン・クリュ]) がオススメ。

【 Emmental 】 [エマンタール] (*m.*)

エメンタールチーズ

硬質タイプのエメンタールチーズは、もっともポピュラーで食べやすいタイプ。カマンベールなども挟んでもいいのだけれど、パン屋さんでも売っている sandwich au jambon fromage といえば、エメンタールが主流。

2

3

Disposer du jambon et de l'Emmental coupé en lamelles dans la baguette.

[ディスポゼ・デュ・ジャンボン・エ・ドゥ・レマンタール・クーペ・アン・ラメル・ダン・ラ・バゲット]

薄く切ったエメンタールチーズとハムをバゲットの中に並べる。

Voilà, le sandwich au jambon fromage.

[ヴォワラ、ル・サンドウィッシュ・オ・ジャンボン・フロマージュ]

これが、ハムとチーズのサンドイッチ。

サンドイッチ

【 ingrédient 】[アングレディアン] (*m.*)
材料

その他にサンドイッチにはさむとすると、こんなモノたちでしょうか？ カナッペの上にのせてもいいし、パン屋さんでサンドイッチを買う時の参考にもどうぞ。

tomate [トマト] (*f.*)
トマト

laitue [レテュ] (*f.*)
レタス

concombre [コンコーンブル] (*m.*)
きゅうり

avocat [アヴォカ] (*m.*)
アボカド

cornichon [コルニション] (*m.*)
ピクルス

œuf dur [ウフ・デュール] (*m.*)
ゆで卵

poulet [プーレ] (*m.*)
鶏肉

crevette [クルヴェット] (*f.*)
えび

saumon fumé [ソーモン・フュメ] (*m.*)
スモークサーモン

thon [トン] (*m.*)
ツナ (まぐろ)

moutarde [ムタールド] (*f.*)
マスタード

mayonnaise [マヨネーズ] (*f.*)
マヨネーズ

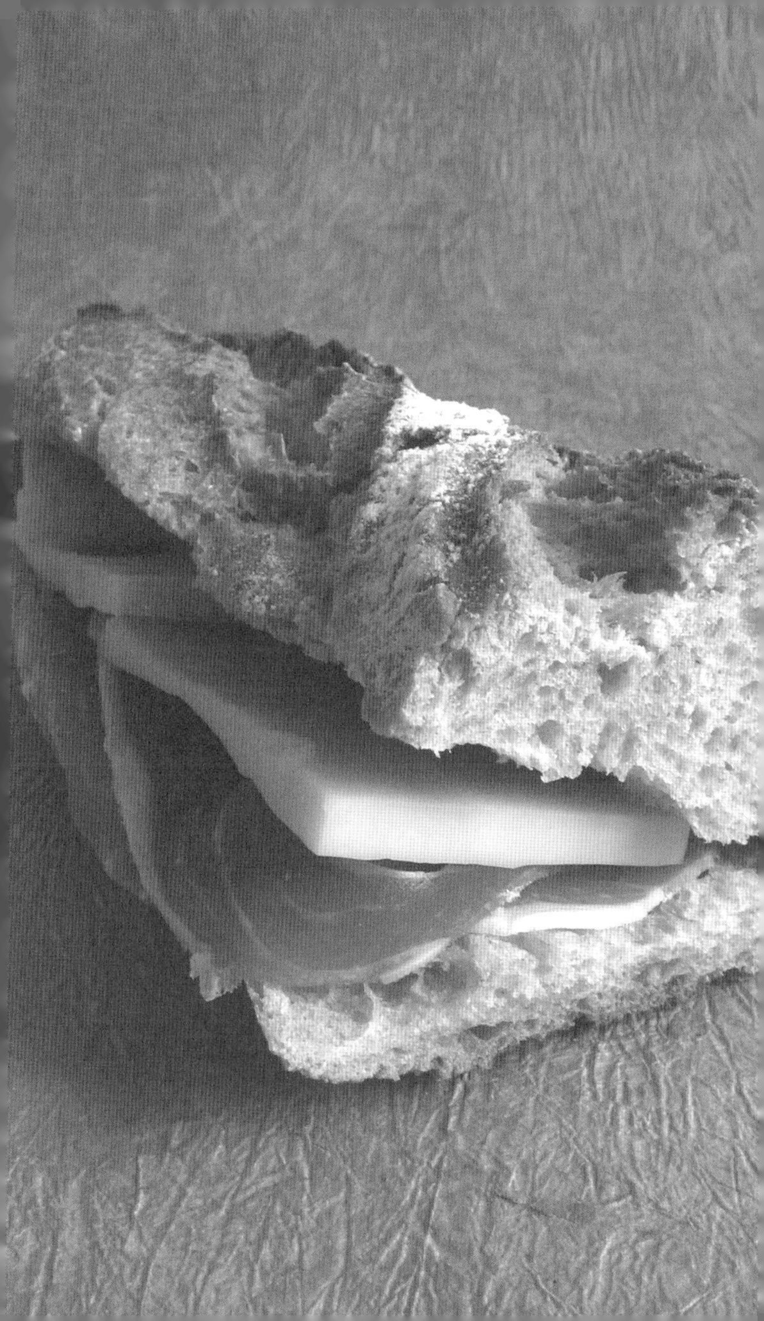

おやつ
Le goûter [ル・グテ]

フランスの子供たちの昔ながらのおやつはコレ。
パンに板チョコをはさんだだけ。
パンの甘みに苦味のあるブラックチョコレートが混ざり合い、
大人にとってもうれしいおやつ。

1

Couper du pain au lait dans le sens de la longueur.
[クーペ・デュ・パン・オ・レ・ダン・ル・サンス・ドゥ・ラ・ロングール]

パン・オ・レを縦に切る。

【 chocolat 】 [ショコラ] (*m.*)

チョコレート

ブラックチョコレートはchocolat noir [ショコラ・ノワール]、ホワイトチョコレートはchocolat blanc [ショコラ・ブラン]、ミルクチョコレートはchocolat au lait [ショコラ・オ・レ]。

2

3

Mettre deux morceaux de chocolat noir dans le pain au lait.
[メトル・ドゥー・モルソー・ドゥ・ショコラ・ノワール・ダン・ル・パン・オ・レ]

パン・オ・レの中にブラックチョコレートふた切れを入れる。

Bon appétit!
[ボナペティ]

召し上がれ！

パン周りの雑貨たち

フランスの家庭にはパンのためのいくつかのモノがあります。
パン生活を楽しくするこんな便利グッズはいかが？

grille-pain (m.)
[グリユ・パン]

トースター。フランスの家庭ではなぜか飛び出るタイプのトースターが主流。

planche à pain (f.)
[プラーンシュ・ア・パン]

パン用まな板 (planche)。切る時に出るパンくずが隙間から下に落ちるため、掃除がラク！という便利モノ。

couteau à pain (m.)
[クートー・ア・パン]

パン切り包丁 (couteau)。ギザギザした刃が特徴。これさえあれば、どんなパンでも美しいスライスに？

sac à pain (m.)
[サッカ・パン]

パン袋 (sac)。パン屋さんに持って行き、買ったパンをこの袋に入れて持って帰り、このまま吊るしておける、昔ながらのエコバッグ。

〈名詞の間のà〉
"à" は「〜用の」という意味。pain の部分を変えれば、いろんなモノに応用できます。紙用のナイフ、couteau à papier [クートー・ア・パピエ] にすると、ペーパーナイフ。背中用のバッグ、sac à dos [サッカ・ド] にするとリュックサックなど。

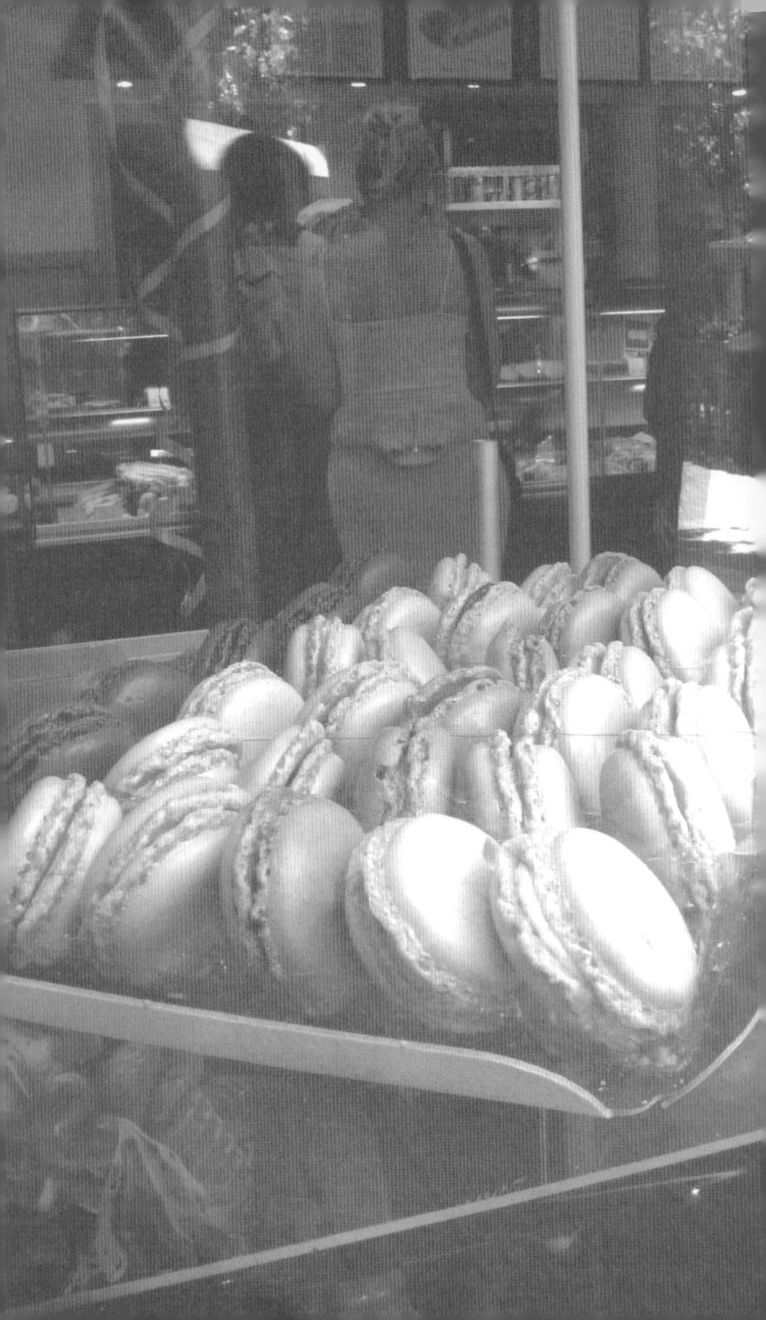

中級編

相手の言っていることも理解したい人へ。

パン屋さんでの会話

パン屋さんでのやりとりはだいたい決まっているので、
これを覚えておけばバッチリ。

私　：**Bonjour.**
[ボンジュール]

こんにちは。

店員：**Bonjour.**
[ボンジュール]

こんにちは。

私　：**Une baguette, s'il vous plaît.**
[ユンヌ・バゲット、シル・ヴ・プレ]

バゲット1本ください。

店員：**Avec ceci?**
[アヴェク・ススィ]

他には？

私　：**Ce sera tout.**
[ス・スラ・トゥー]

それで全部です。

店員：**Soixante-quinze, s'il vous plaît.**
[ソワサント・カーンズ、シル・ヴ・プレ]

75サンチームです。

（私　：金を払う）

店員：**Merci.**
[メルスィ]

ありがとう。

私　: Au revoir.
[オーヴォワール]

さようなら。

店員 : Au revoir.
[オーヴォワール]

さようなら。

パン屋さんでの会話

【 Avec ceci? 】 [アヴェク・ススィ]

他には？
「これ (ceci) とともに (avec)」という意味で、Avec ça? [アヴェク・サ] と言われることも。

【 Ce sera tout. 】 [ス・スラ・トゥー]

それで全部です。
C'est tout. [セ・トゥー] の未来形で、どちらを使うかは好みの問題。店員の方から Ce sera tout? と聞かれたなら、Oui. [ウィ] (はい) と答えればいいだけ。

> 〈値段について〉
> 値段を聞き取るのは、慣れないと難しいもの。とりあえず、バゲット1本なら1ユーロを握り締めていれば大丈夫。ユーロ以下の単位、centime [サンティーム] は言わないことが多いです。もし、これが1.20ユーロならば、「un euro vingt [アン・ニューロ・ヴァン]」。

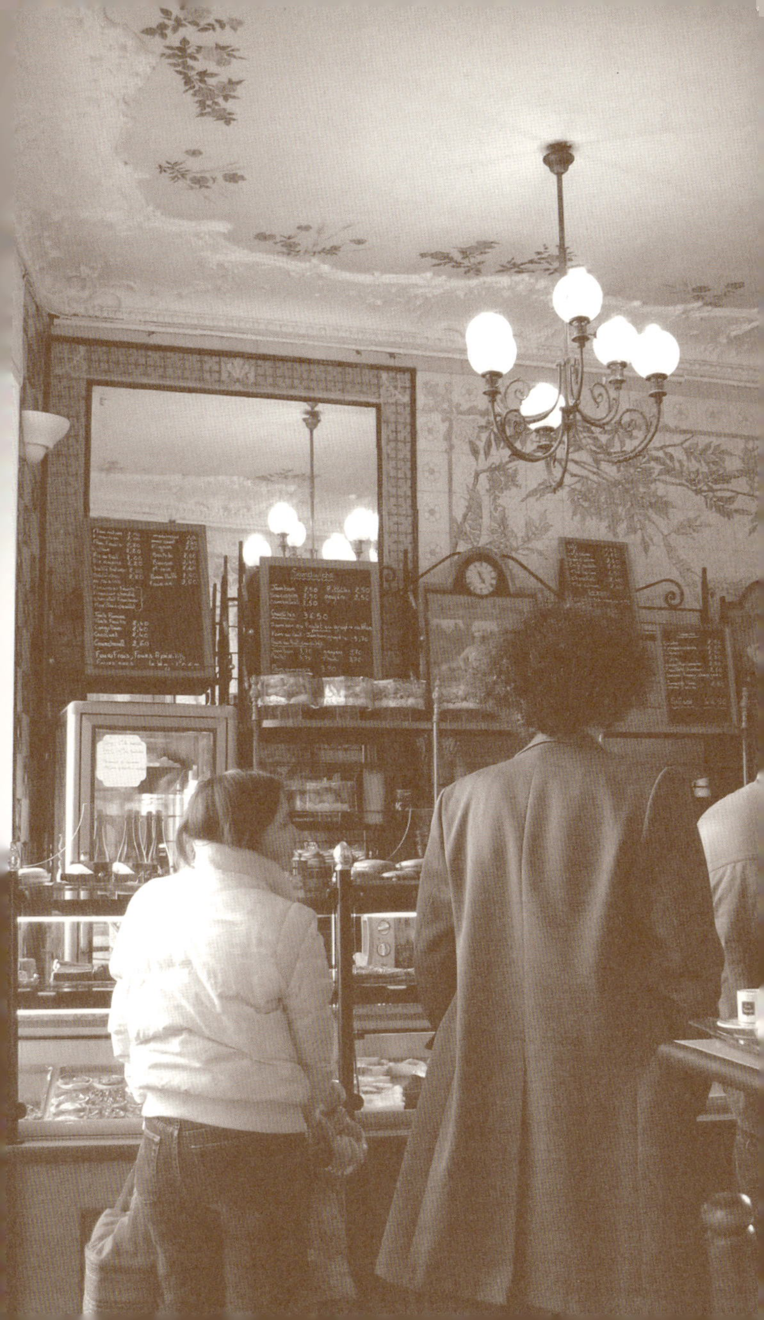

他にも買いたいものがあるならば

バゲット1本だけではなく、
他のパンもつけ足して言うならば、
商品名の間にetを入れます。

Une baguette et un pain au chocolat, s'il vous plaît.
[ユヌ・バゲット・エ・アン・パン・オ・ショコラ、シル・ヴ・プレ]
バゲット1本とパン・オ・ショコラ1個ください。

Un pain, un chausson aux pommes et un gâteau au chocolat, s'il vous plaît.
[アン・パン、アン・ショソン・オー・ポム・エ・アン・ガトー・オ・ショコラ、シル・ヴ・プレ]
パン1本、ショソン・オー・ポム1個とガトーショコラ1個ください。

【 et 】[エ]

「〜と」という意味で、英語のandと同じ。3つ以上のものを並べる時は、最後にだけetを加えればOK。et puis [エ・ピュイ]（それから）と言ってもよし。

Un pain de campagne..., et puis un éclair, s'il vous plaît.
[アン・パン・ドゥ・カンパーニュ…、エ・ピュイ・アン・ネクレール、シル・ヴ・プレ]
パン・ドゥ・カンパーニュ1個…（悩む）、それからエクレア1個ください。

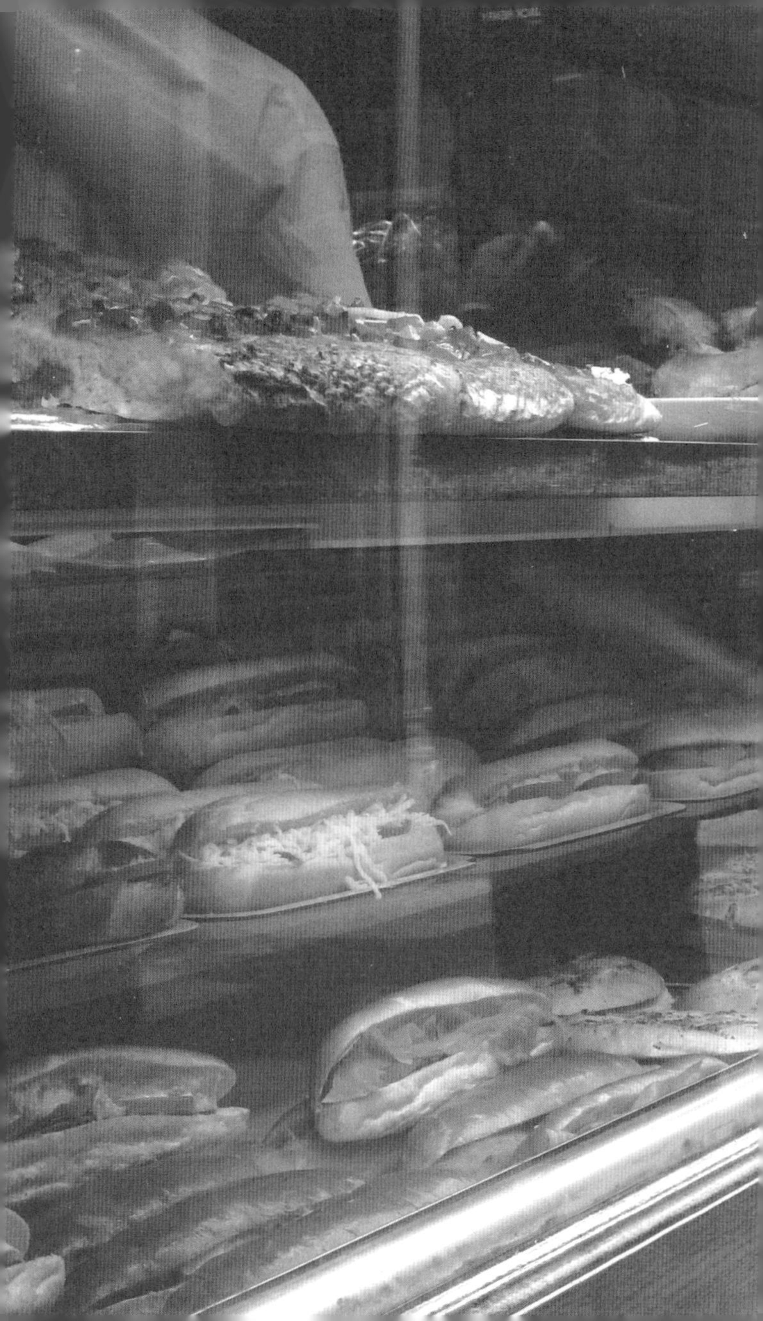

感じのいい店員だったら

やっぱりこちらからも「ありがとう」を言いたい。
もちろん、感じの悪い店員には言う必要なし!

Merci.
[メルスィ]
ありがとう。

オマケまでくれたとか(そんなことはほとんどないけど)、
めちゃくちゃ親切な店員さんなら、

Merci beaucoup.
[メルスィ・ボークー]
どうもありがとう。

と、力を込めて言うのもアリ。

または、

C'est très gentil.
[セ・トレ・ジャンティ]
ご親切にどうも。

とお礼を言っても。

BOULANGER

TERIA . SANDWICHES

Cafeteria   Sandwichs

気持ちよく帰るならば

感じのいい店員なら、さらに気持ちよく別れたい。

最後に、

Bonne journée!
[ボンヌ・ジュルネ]

よい1日を！

と、つけ加えてあげると、お互いにハッピー。

でもこれは基本的に、午前中にパン屋さんに行った場合。

もし午後に行ったのなら、

Bon après-midi!
[ボン・ナプレ・ミディ]

楽しい午後を！

もし夕方に行ったのなら、

Bonne soirée!
[ボンヌ・ソワレ]

楽しい夜を！

週末ならば、

Bon week-end!
[ボン・ウィケンド]

よい週末を！

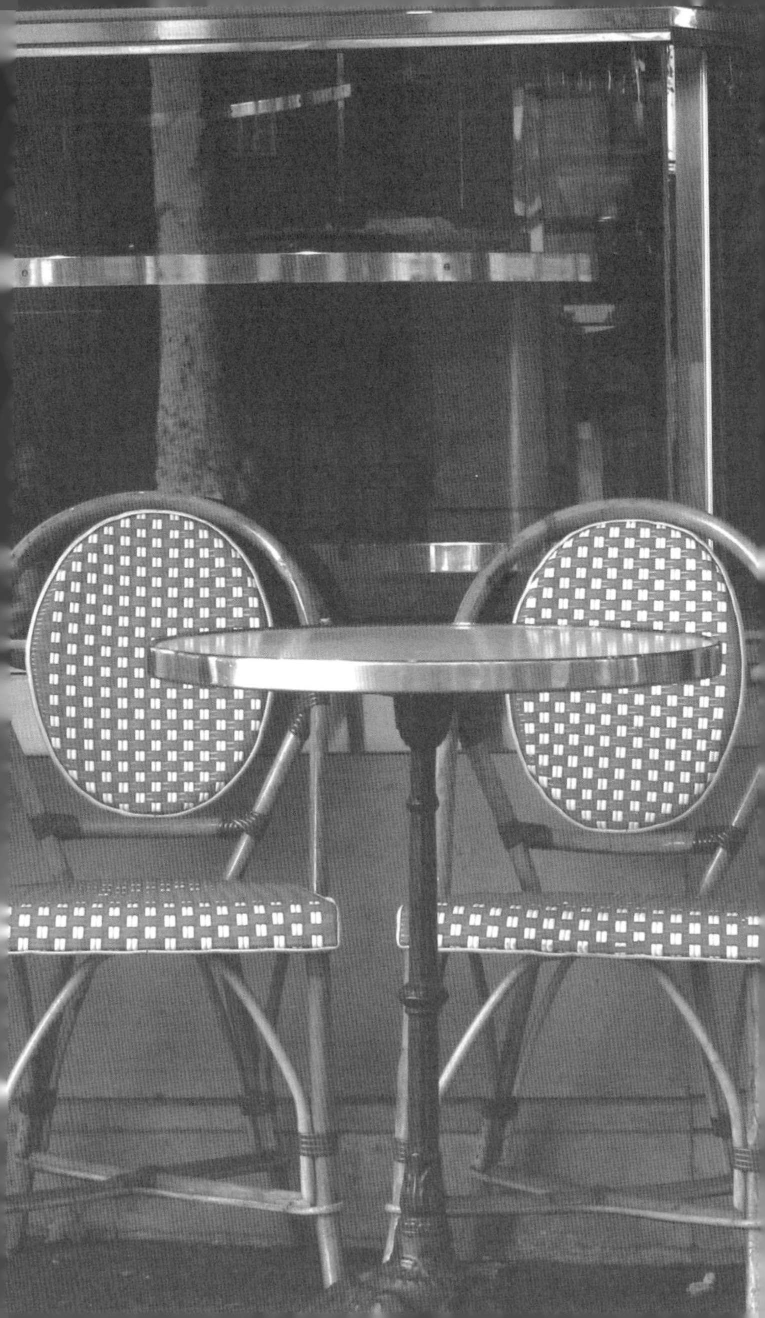

パンが残ったら

パンは日が経つにつれ、
どんどん乾燥していってしまいます。
でも、固くなったパンを再生する賢い方法が、
フランスにはあるのです。
どれも、いつも家にある材料で作れる簡単なものばかり。
パンの新しいおいしさを発見できるかも。

パン・ペルデュ
Pain perdu [パン・ペルデュ]

日本でもフレンチトーストの名前でお馴染み。
フランスでは「ダメになったパン」という意味の
"pain perdu" と呼びます。
したがって固くなったパンで作るのが一般的。
ブリオッシュやパン・ド・ミーなどで作ってもOK。

Ingrédients (pour 2 personnes)
6 tranches de baguette rassise
1/4 ℓ de lait
2 œufs
beurre
sucre

1. Faire tremper les tranches de baguette dans le lait.
2. Battre les œufs.
3. Sortir les tranches humides du lait.
4. Les passer dans les œufs battus.
5. Cuire dans du beurre à la poêle de chaque côté.
6. Elle sont dorées, les sucrer légèrement.
7. Déguster chaud ou froid.

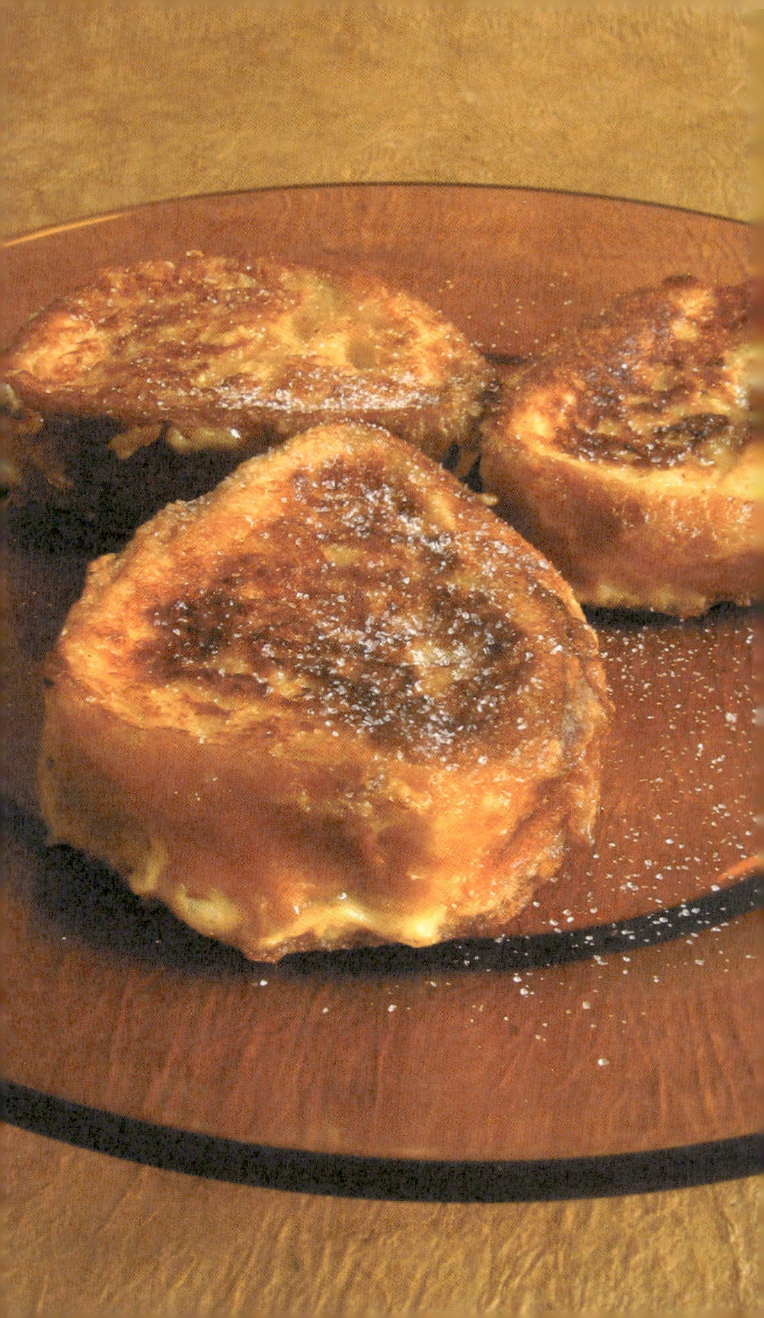

パン・ペルデュ

材料（2人分）
固くなったバゲットの薄切り 6枚
牛乳 1/4 ℓ
卵 2個
バター
砂糖

1. 牛乳の中にバゲットの薄切りを浸す。
2. 卵を溶く。
3. 牛乳から湿ったバゲットを取り出す。
4. それらを溶いた卵の中にくぐらす。
5. フライパンに熱したバターの中で両面を焼く。
6. こんがりと焼けたら、軽く砂糖をふる。
7. 熱々のうちか、冷たくして召し上がれ。

チーズ入りパン・ペルデュ
Pain perdu au fromage [パン・ペルデュ・オ・フロマージュ]

さすが本場フランスには、
フレンチトーストのチーズ版まである。
これにサラダでも添えれば、
洒落たブランチメニューの出来上がり。
それでは、キリッと冷やした白ワインでも開けますか？

Ingrédients (pour 6 personnes)
6 tranches de pain rassis
150 g de fromage râpé
3 œufs et 1 jaune d'œuf
60 ml de lait
50 g de beurre
sel, poivre
beurre (pour le plat)

1. Placer les tranches de pain côte à côte dans le plat beurré.
2. Battre les œufs entiers et le jaune d'œuf et ajouter le lait, le sel, le poivre.
3. Verser la moitié du mélange sur le pain et laisser reposer 10 mn pour que le pain s'imbibe bien du liquide.
4. Recouvrir le pain des deux tiers du fromage.
5. Verser doucement dessus le reste du mélange œufs-lait.
6. Parsemer le plat de petits morceaux de beurre et du reste de fromage.
7. Cuire au four moyen 25 mn.

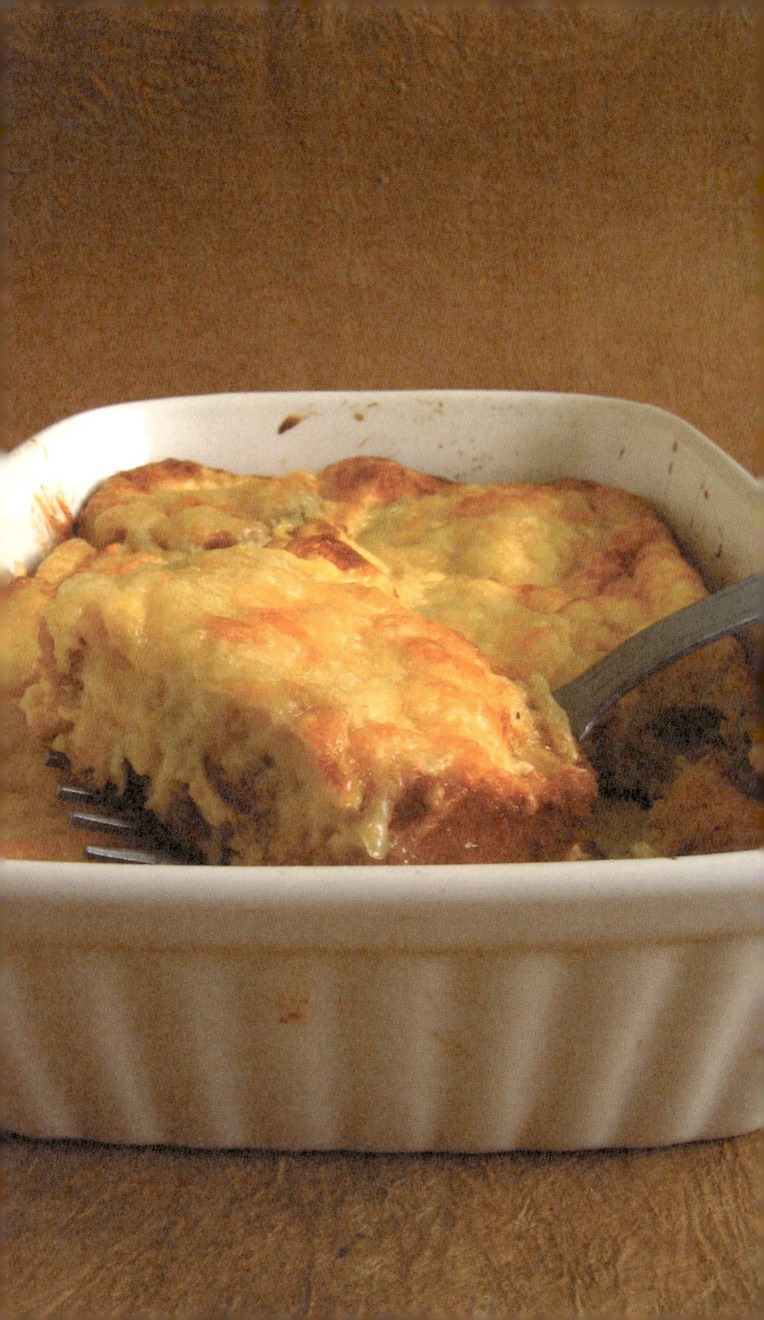

チーズ入りパン・ペルデュ

材料（6人分）
固くなったパンの薄切り 6枚
おろしチーズ 150g
卵 3個 と 卵黄 1個分
牛乳 60ml
バター 50g
塩、こしょう
バター（耐熱皿用）

1. バターを塗った耐熱皿にパンの薄切りを並べる。
2. 全卵と卵黄を溶き、牛乳、塩、こしょうを加える。
3. パンの上に混ぜたものの半分を注ぎ、パンに液体をよく染み込ませるために、10分おく。
4. チーズの2/3量でパンを再度覆う。
5. その上に牛乳と卵を混ぜたものの残りを静かに注ぐ。
6. バターの小さな塊とチーズの残りを散らす。
7. オーブンで約25分焼く。

固くなったパンのプディング
Pudding avec du pain rassis [プディング・アヴェク・デュ・パン・ラスィ]

小麦粉でできているパンは、
固くなったら牛乳で戻して小麦粉代わりにも使えるというわけ。
皮を除きたいから、バゲットよりも大きめのパンの方がオススメ。
加えるものはレーズンでも、りんごでもお好きなもので。
ねっとりとした食感の濃厚なプディングはやみつきに。

Ingrédients (pour 6 personnes)
un 1/2 pain rassis
1/3 ℓ de lait chaud
2 œufs
80 ou 100 g de sucre
200 g de pruneaux (sans noyau)
rhum
beurre

1. Si possible, enlever la croûte.
2. Couper le pain en petits morceaux ou tranches fines.
3. Faire tremper dans le lait chaud.
4. Egoutter le pain s'il reste du liquide.
5. Battre les œufs avec le sucre.
6. Malaxer le pain avec les œufs pour obtenir une pâte.
7. Ajouter les pruneaux et du rhum.
8. Mettre dans le plat beurré, cuire au four moyen 30 mn.

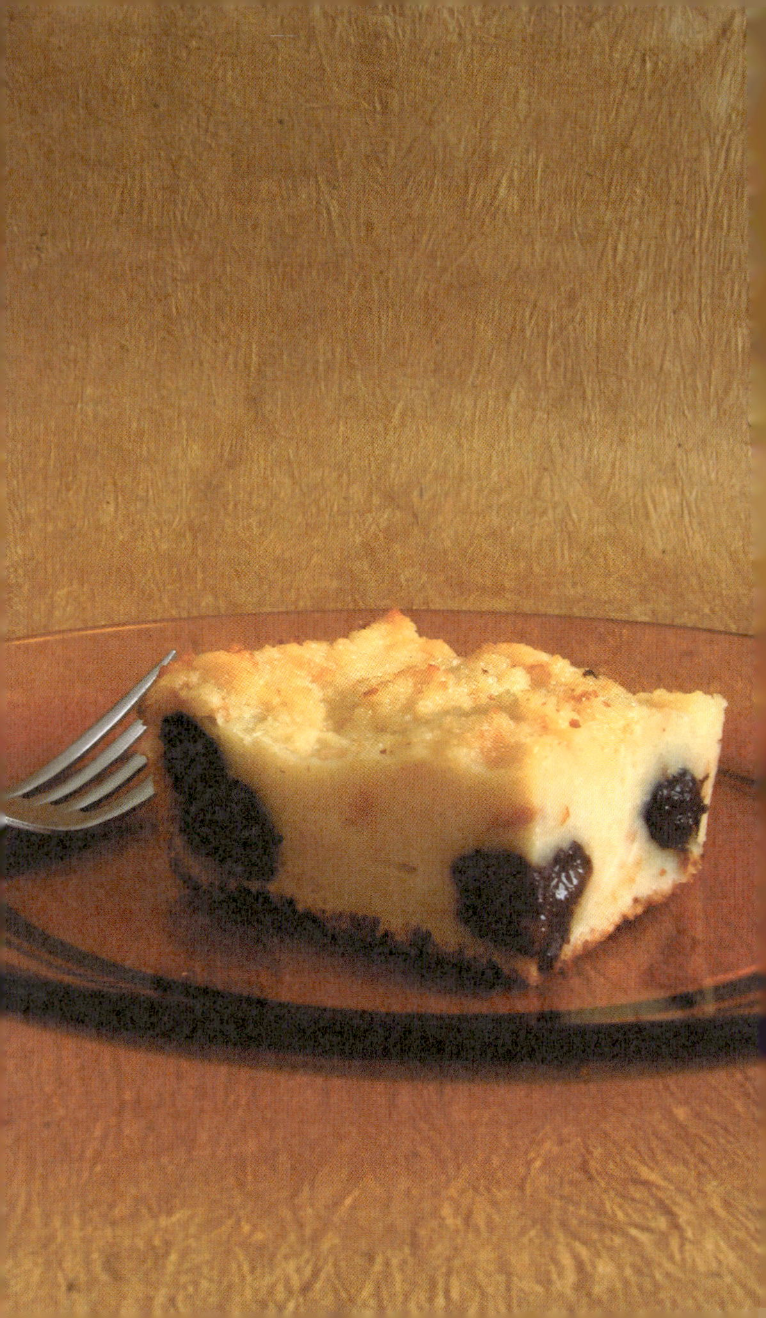

固くなったパンのプディング

材料(6人分)

固くなったパン 1/2本

温めた牛乳 1/3ℓ

卵 2個

砂糖 80または100g

ドライプルーン(種なし) 200g

ラム酒

バター

1. できれば、パンの皮を取り除く。
2. パンを小さく、または薄い輪切りにする。
3. 温めた牛乳に浸す。
4. 水分が残っているならば、パンの水気を軽くきる。
5. 卵を砂糖とともに溶く。
6. パンを卵とともにペースト状になるように混ぜる。
7. ドライプルーンとラム酒を加える。
8. バターを塗った耐熱皿に入れ、オーブンで約30分焼く。

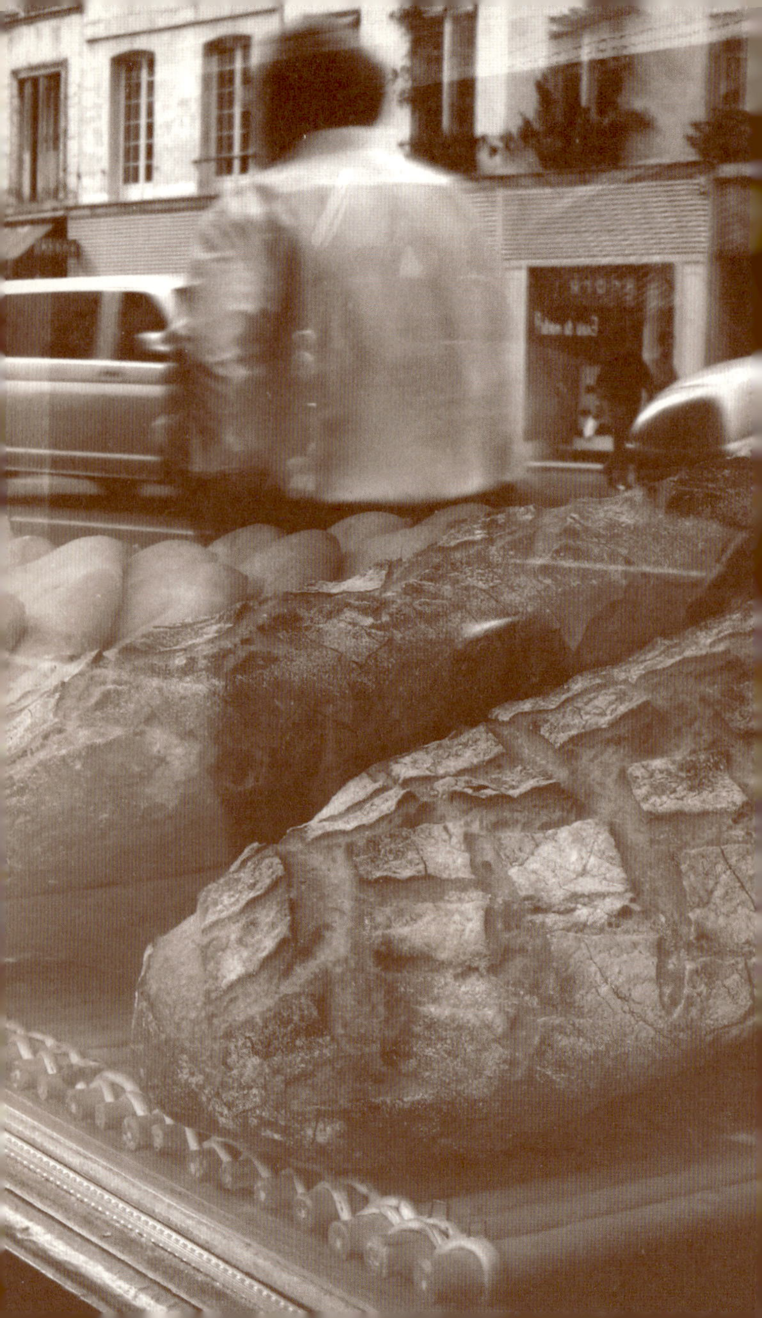

上級編

パンに注文をつけたい人へ。

焼き具合に注文をつける

パン屋さんで「Une baguette, s'il vous plaît.」と頼んでも、
出てくるバゲットはすべて同じではありません。
パン職人さんが手作りしているバゲット、
その焼き具合は微妙に異なるのです。
そして焼き加減の好みも人それぞれ。

したがって、自分の好みのバゲットを注文できるようになれば、
あなたも立派なフランス人！

こんがり焼けたバゲットがお好みならば、

Une baguette bien cuite, s'il vous plaît.
[ユンヌ・バゲット・ビヤン・キュイット、シル・ヴ・プレ]

または、

Une baguette bien dorée, s'il vous plaît.
[ユンヌ・バゲット・ビヤン・ドレ、シル・ヴ・プレ]

よく焼けたバゲット1本ください。

こんがりしすぎていないバゲットがお好みならば、

Une baguette pas trop cuite, s'il vous plaît.
[ユンヌ・バゲット・パ・トロ・キュイット、シル・ヴ・プレ]

または、

Une baguette bien blanche, s'il vous plaît.
[ユンヌ・バゲット・ビヤン・ブランシュ、シル・ヴ・プレ]

焼けすぎていないバゲット1本ください。

もちろん、他のパンにも同じように注文がつけられます。

PATISS

焼き具合に注文をつける

【 bien 】 [ビヤン]

「よく」という意味で、これまたよく使う単語。

C'est très bien.
[セ・トレ・ビヤン]

とってもいいねぇ〜。

【 pas trop 】 [パ・トロ]

あまり〜すぎない

否定形ではなくtropだけならば、「〜すぎる」。

J'ai trop mangé.
[ジェ・トロ・マンジェ]

食べ過ぎた。

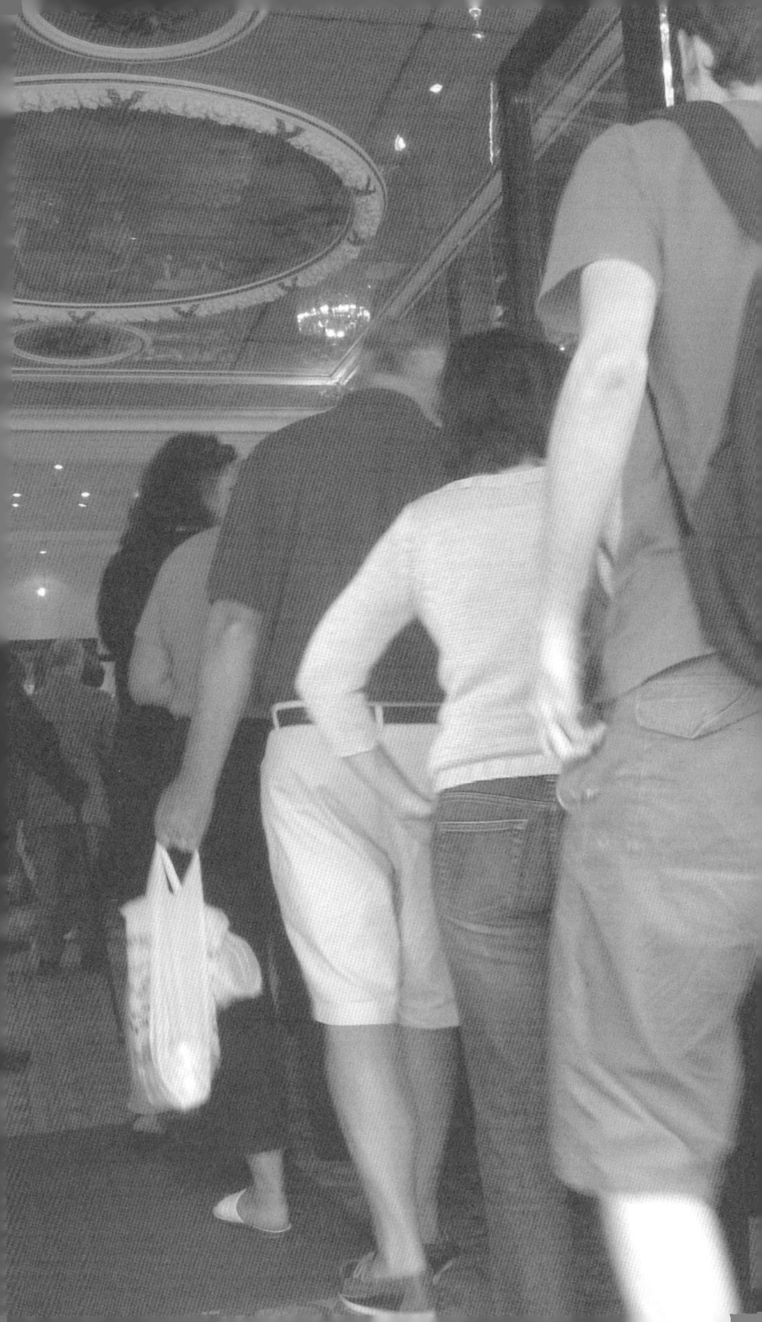

切り方に注文をつける

バゲットが長すぎて持ち運ぶのが大変！と言う時には、

Une baguette coupée en deux, s'il vous plaît.
[ユンヌ・バゲット・クーペ・アン・ドゥー、シル・ヴ・プレ]

2つに切ったバゲット1本ください。

大きなパンをスライスしてもらいたい時には、

Un pain de campagne tranché, s'il vous plaît.
[アン・パン・ドゥ・カンパーニュ・トランシェ、シル・ヴ・プレ]

スライスしたパン・ドゥ・カンパーニュ1個ください。

スライスするのはこちらから言わなくても、
たいてい店員さんから聞かれます。

Tranché ou pas?
[トランシェ・ウー・パ]

スライスする、しない？

と聞かれたら、

Oui, s'il vous plaît.
[ウィ、シル・ヴ・プレ]

はい、お願いします。

または、

Non, merci.
[ノン、メルスィ]

いいえ、結構です。

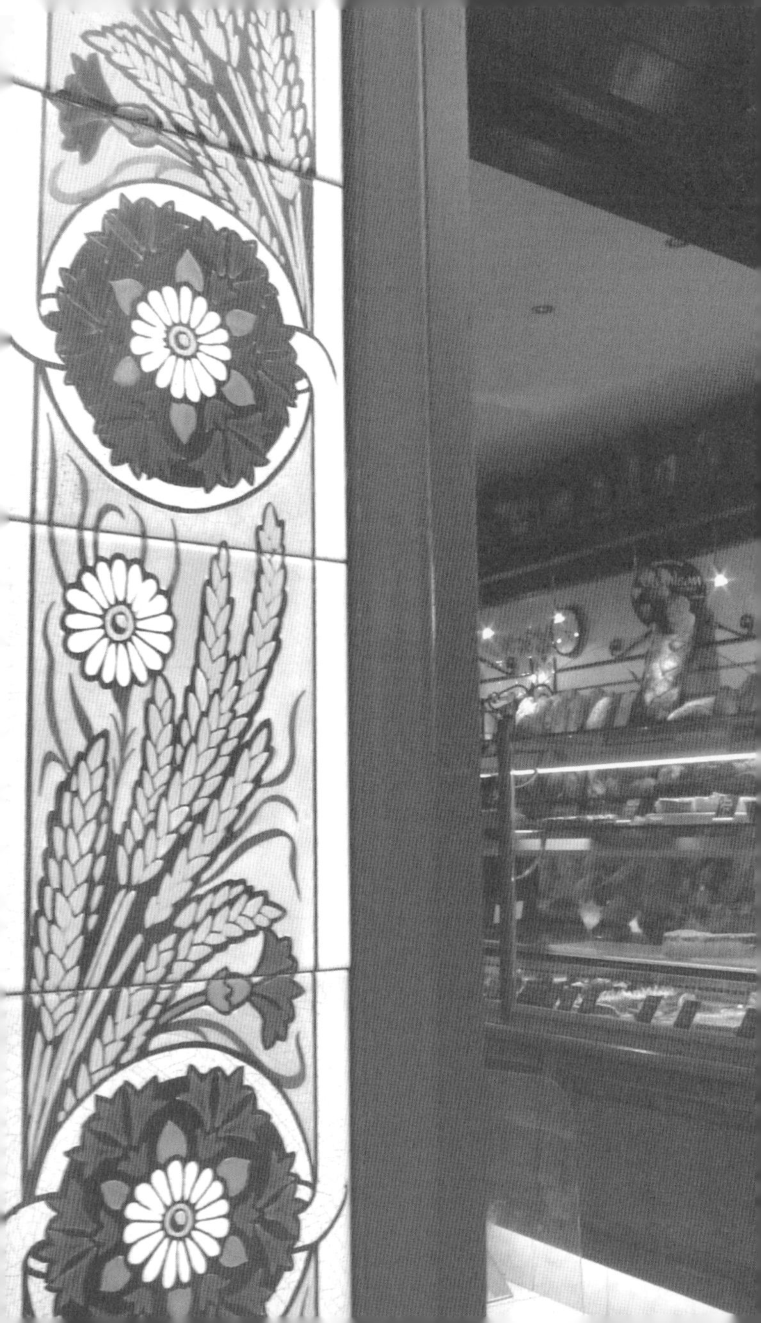

温めて欲しい場合

キッシュやクロック・ムッシューなどを買った時、
温めてくれるパン屋さんもあります。

Une quiche chauffée, s'il vous plaît.
[ユンヌ・キッシュ・ショッフェ、シル・ヴ・プレ]

温めたキッシュ1個ください。

これも、こちらから言わなくても、店員さんが聞いてくれます。

Chauffée ou pas?
[ショッフェ・ウー・パ]

温める、温めない?

Oui, s'il vous plaît.
[ウィ、シル・ヴ・プレ]

はい、お願いします。

Non, merci.
[ノン、メルスィ]

いいえ、結構です。

BEURRE

〈形容詞について〉
ここで出てきた名詞の後ろの形容詞は、動詞の過去形と同じ。動詞の原形とともに覚えておくと、便利です。名詞が男性形ならばそのまま、女性形ならば語尾にeをつけ、女性形にします。

動詞 **cuire** [キュイール] 焼く
↓
形容詞 **cuit(e)** [キュイ（キュイット）] 焼けた

動詞 **dorer** [ドレ] こんがり焼く
↓
形容詞 **doré(e)** [ドレ] こんがり焼けた

動詞 **couper** [クーペ] 切る
↓
形容詞 **coupé(e)** [クーペ] 切った

動詞 **trancher** [トランシェ] スライスする
↓
形容詞 **tranché(e)** [トランシェ] スライスした

動詞 **chauffer** [ショッフェ] 温める
↓
形容詞 **chauffé(e)** [ショッフェ] 温めた

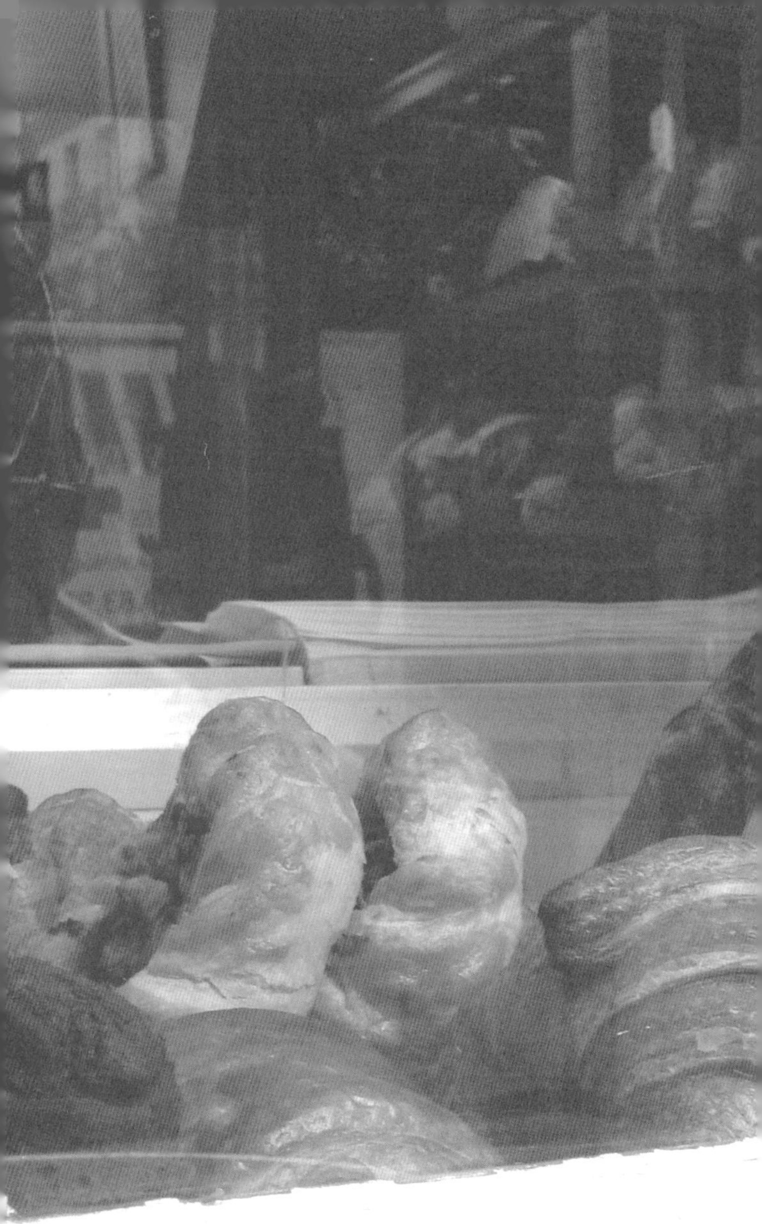

袋が欲しい場合

パン屋さんでは、基本的にパンは紙に包むだけ。
いくつも買ったのに、
それぞれ個別に包まれて渡されることもしばしば。

そんな時は、

Un sac, s'il vous plaît.
[アン・サック、シル・ヴ・プレ]
袋1枚ください。

と、袋をもらいたいですね。

PATIS

パンを使った言葉

さすがはパンが主食の国だけあって、
パンを使った言葉がいくつもあります。
コレを読めば、フランス人にとってパンがどのようなものなのか、
わかるというもの。

avoir du pain sur la planche
[アヴォワール・デュ・パン・スュル・ラ・プラーンシュ]

直訳 まな板の上にパンがある

☞ 仕事がたくさんある

bon comme le pain
[ボン・コム・ル・パン]

直訳 パンのようにいい

☞ 善良な

Ça ne mange pas de pain.
[サ・ヌ・マンジュ・パ・ドゥ・パン]

直訳 それはパンも食べない。

☞ 少しも費用がかからない。

C'est du pain bénit.
[セ・デュ・パン・ベニ]

直訳 祝別されたパンだ。

※ 祝別されたパン…カトリックの教会で特別な時に配られるパン。

☞ 思わぬ幸運だ。

coller un pain
[コレ・アン・パン]

直訳 パンをくっつける

☞ 平手打ち、またはパンチをくらわす

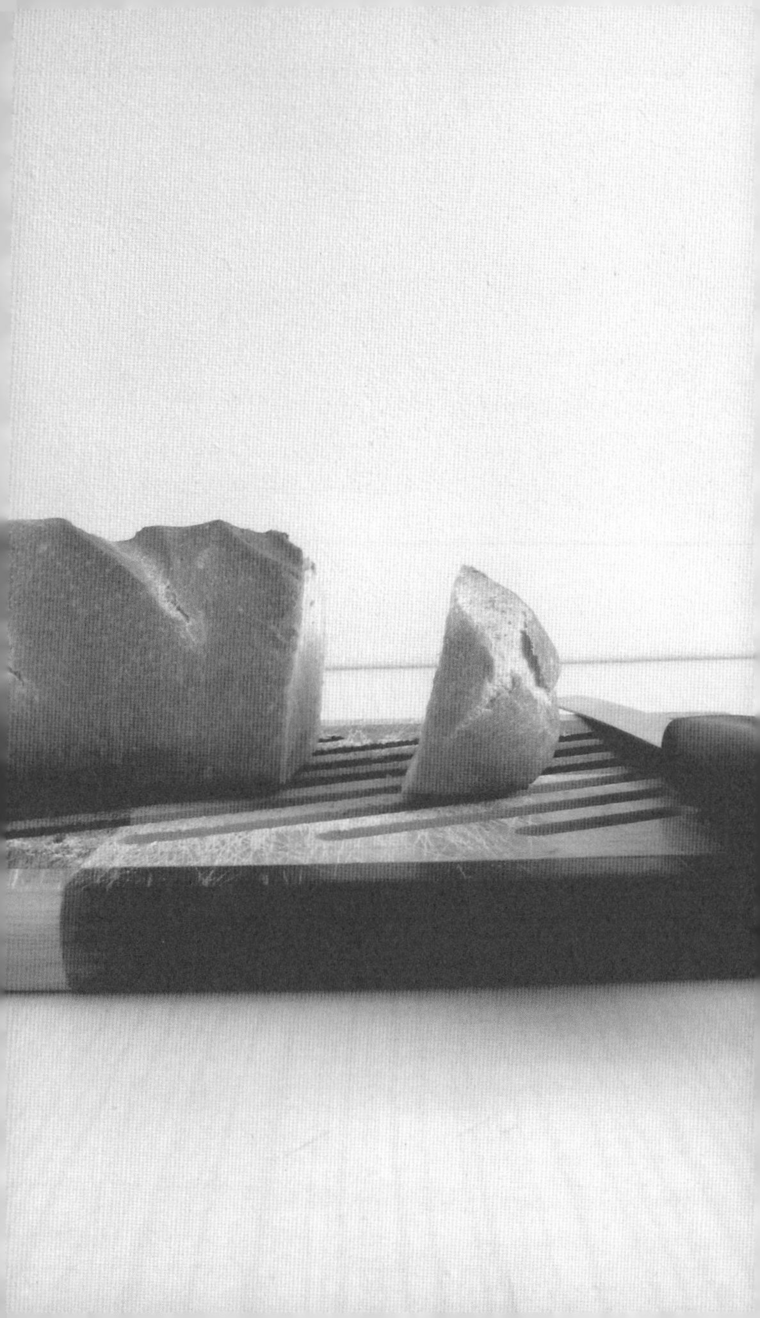

パンを使った言葉

gagner son pain
[ガニエ・ソン・パン]
- 直訳 自分のパンを稼ぐ
  - ☞ 生活の糧を稼ぐ

laisser manger son pain
[レセ・マンジェ・ソン・パン]
- 直訳 そのパンを食べさせておく
  - ☞ 臆病者

long comme un jour sans pain
[ロン・コム・アン・ジュール・サン・パン]
- 直訳 パンのない日のように長い
  - ☞ うんざりするほど長い

manger son pain blanc le premier
[マンジェ・ソン・パン・ブラン・ル・プルミエ]
- 直訳 はじめに白パンを食べる
  - ☞ 好きなことから先にする

ne valoir pas le pain qu'il mange
[ヌ・ヴァロワール・パ・ル・パン・キル・マンジュ]
- 直訳 自分の食べるパンの価値もない
  - ☞ どうしようもないヤツ

pain
chocolat
amandes

2.00 €

パンを使った言葉

ôter le pain de la bouche
[オテ・ル・パン・ドゥ・ラ・ブーシュ]

直訳 口からパンを奪う

☞ 生活の糧を奪う

perdre le goût du pain
[ペルドル・ル・グー・デュ・パン]

直訳 パンの味を失う

☞ 死ぬ

pleurer le pain qu'il mange
[プルレ・ル・パン・キル・マンジュ]

直訳 自分の食べるパンを嘆く

☞ ケチ

refuser de manger de ce pain-là
[ルフュゼ・ドゥ・マンジェ・ドゥ・ス・パン・ラ]

直訳 そのパンを食べることを断る

☞ そんな仕事を手伝うのは断る

rue du pain
[リュ・デュ・パン]

直訳 パンの道

☞ 咽喉

〈もうひとつ〉
フランス語でami [アミ] は"友達"。でも、日常的にはcopain [コパン] という言い方のほうがよく使います。この言葉もpainから来たもの。"パンを分け合う"というラテン語が原形だそう。

著 者

酒巻 洋子（さかまき ようこ）

フリー・エディトリアル・ライター。
女子美術大学デザイン科を卒業後、渡仏。パリの料理学校、ル・コルドン・ブルーに留学。帰国後、編集プロダクション、出版社勤務を経てフリーに。縁あって2003年に再び、渡仏。2005年12月より、上海在住。どこの国でも、カメラを持って歩き回ってしまう散歩好き。パリの街は、「いつものパリ」http://paparis.exblog.jp/にて、上海の街は「上海万華」http://shanghaibanka.blog38.fc2.com/ のブログにて写真を掲載中。近著に「私のとっておき・フランス バゲットのある風景」（産業編集センター）がある。

Remerciements à la famille Péret pour leur aide à la réalisation de ce livre.

パン屋さんのフランス語

2006年3月15日　第1刷発行

著　者　酒巻洋子
発行者　前田完治
発行所　株式会社 三修社
　　　　〒110-0004 東京都台東区下谷1-5-34
　　　　TEL 03-3842-1711　FAX 03-3845-3965
　　　　振替 00190-9-72758
　　　　編集担当　菊池　暁

印刷・製本　壮光舎印刷株式会社

装丁・本文デザイン　秋田康弘

©Yoko Sakamaki 2006 Printed in Japan
ISBN4-384-05356-8 C0085

R ＜日本複写権センター委託出版物＞
本書の全部または一部を無断で複写複製（コピー）することは、著作権法上での例外を除き、禁じられています。本書からの複写を希望される場合は、日本複写権センター（TEL 03-3401-2382）にご連絡ください。